＼出産・育児による離職ゼロを実現！／

企業がつくる保育園

柴崎方恵 SHIBASAKI MASAE

幻冬舎MC

出産・育児による離職ゼロを実現！

企業がつくる保育園

はじめに

優秀な人材に長く働いてもらいたい――。それは経営者ならば誰しも考えることでしょう。いうまでもなく、採用や社員教育には多大なコストと時間がかかります。スキルを身につけ、経験を積み、自社の環境にもなじんだ社員に、いつまでも活躍してもらいたいと願うのは当然のことです。

しかし、その願いを阻む要因があります。その一つが、現在の日本の育児を巡る環境です。厚生労働省が発表した「雇用動向調査」（２０１９年）によると、特に女性については、20代後半から30代にかけて、結婚や出産・育児のために離職する割合が高くなっています。

また、内閣府男女共同参画局がまとめた調査（２０１８年）では、働く女性の46・９％が第一子の出産を機に退職していることが明らかになりました。そして、第一子妊娠・出産を機に仕事を辞めた人のうち52・３％が「子育てをしながら仕事を続けるのは大変だったから」と回答しています。

女性の活躍が推進されている時代でありながら、これほど多くの女性が、出産や育児をきっかけに働くことを諦めているというのが今の日本の現状なのです。

なぜ、彼女たちは辞める決断をしなければならなかったのでしょう。

その理由として、保育園を巡る問題が挙げられます。

待機児童の問題が日本中の注目を集めたのは２０１６年のことでした。国会でも取り上げられた「保育園落ちた日本死ね!!!」のブログは、大きな議論を呼びました。

その後、さまざまな施策によって、数字のうえでは待機児童問題は解消に向かったものの、子どもを保育園に入れるために行う〝保活〟は、働きながら育児をしようとする母親たちの、重い負担になり続けています。

また、やっとのことで保育園に入れたとしても、第一希望の園になるとは限りません。自宅や職場から遠かったり、きょうだいで別々の園に預けることになったりして、想定していた以上に労力がかかることもあります。

加えて、急な発熱などによって園からお迎えの依頼の電話があれば、わが子のもとへ一刻も早く駆けつけたいと思う一方で、業務の調整などのために職場に気を使うことにもなり、物理的にも精神的にも大変な思いをすることになります。

こういった負担の積み重ねは、働く母親たちを消耗させていきます。それだけではありません。育児で疲弊する先輩社員の姿は、次の世代の社員にも少なからず影響を与えます。若い女性社員が結婚や出産・育児を真剣に考え始めたとき、仕事と育児との両立に苦労する先輩社員が身近にいれば、「ずっとこの会社で働き続けるのは難しいかも……」というネガティブな気持ちになってもおかしくありません。

本当は自分が勤めている会社のことが好きで、今やっている仕事も好きで、ずっと働き続けたいという気持ちがあるのに、子どもを育てていくためには辞めざるを得ない――。

そんな状況は、社員にとっても、会社にとっても、不幸なことです。

出産退職に伴う経済全体の付加価値損失は１兆１７４１億円に上るという第一生命経済研究所の試算（２０１７年）もあります。この数字を見ると、個人や会社だけでなく、日本社会にとっても、不幸なことだといえます。

では、優秀な女性社員に出産育児を経て、長く働き続けてもらうためには、どうしたらよいのでしょうか。

その打開策の一つとなるのが、この本で紹介する「企業主導型保育」です。職場内や職場の近くに保育園をつくり、職場の実情に合った形で運営することで、働く母親の負担を最小限にし、離職率を下げることができます。

助成金を活用することによって、会社側の負担も少なくて済みます。また、「保育」は会社の新しい事業として、収益を上げられる可能性を秘めた事業でもあります。待機児童の多い地域であれば、その地域の保育園の定員が増え、社員以外の子どもを受け入れる枠を設けることで地域に貢献できます。

私は、20年以上にわたり保育業界でベビーシッター請負事業や小規模保育園の運営をはじめとし、企業主導型保育や院内保育委託事業を手掛けてきました。自分自身も子育てをしながら、保育の現場に長年関わってきた経験からも、企業主導型保育が、会社も社員も、その子どもたちも、そして地域の人々までも幸せにする解決策になると確信しています。

本書では、企業主導型保育とはどのようなものなのかを紹介し、実際に導入するときの流れなども説明していきます。そのなかで、企業主導型保育を導入することで、企業や病院にどんなメリットがあるかを解き明かしていきます。

そうはいっても、実際に自社で保育園をつくることを考えたとき、その選択はリスクが大きいと考える方もいるでしょう。保育は「命を預かる」という仕事です。加えて、子どもたちの発達に重要な役割を果たす、責任ある仕事でもあります。

しかし、保育園の設備などのハード面の整備や、保育士の採用・教育などのソフト面の運用を適切に行えば、安全面の懸念はそのほとんどが払拭できるのです。実際に、私が携わってきた保育園では、20年以上にわたって事故はゼロです。それよりも、今、目を向けるべきは、企業主導型保育を始めることで、会社にとっても、社員にとっても、さらには子どもたちにとっても、大きなメリットがあるということでしょう。

　本書が企業主導型保育の導入のきっかけとなり、自社の働き方にフィットした保育園を会社と社員がともにつくり上げていくことで、会社も社員も子どもたちも、みんなが幸せになる社会が訪れることを願っています。

（本文中では正式名称である「保育所」のほか、適宜「保育園」「園」なども使用しています）

目次

はじめに …… 2

第１章

優秀な女性社員が辞めていくのはなぜか
～働く母親たちの本音　出産前の職場で働くことを諦めた理由～

〝職場に復帰したいタイミング〟で預ける先が見つからない …… 14
〝安心して〟預けられる先が見つからない …… 18
お金が必要だから働くのに、給料が保育料に消えていく …… 22
働きながらの「ワンオペ育児」 …… 28
子どもを預けてまで働くのかという身内からの圧力 …… 31

子育てしながら働くことで生じる職場の人間関係のひずみ …… 33
「マミー・トラック」によってキャリアを絶たれる …… 35
働くことは諦めないけれど、今の会社で働くことは諦める …… 38

第2章

子育て支援制度や柔軟な勤務体系など、今すぐ取り組める働きやすい環境づくりとは

出産・育児を経て長く働ける職場とは …… 42
子育てしながら働きやすい会社のしくみ
〜復帰後の仕事と育児の両立への不安を解消する〜 …… 45
子育てしながら働きやすい会社のしくみ〜上司や同僚の理解〜 …… 49
子育てしながら働きやすい会社のしくみ〜ハードルを制度でカバーする〜 …… 55
子育てしながら働きやすい会社のしくみ〜テレワークの活用〜 …… 57

子育てしながら働きやすい会社のしくみ～子どものそばで働ける～……62
「子育て中の社員を特別扱いしないこと」が女性躍進の最終段階……68
本人に子育てをしながら仕事をする覚悟があるか……73

第3章

企業イメージが向上し、社員が幸せになる企業主導型保育

「企業主導型保育」とは……78
さまざまな業界で導入されている企業主導型保育……79
企業主導型保育事業が中小企業の保育園設置のハードルを下げた……81
企業主導型保育の魅力① 働き方に合わせた柔軟な保育サービス……84
企業主導型保育の魅力② すぐに駆けつけられる距離感による新たな保育の形……86
企業主導型保育の魅力③ 入園までのプロセスの簡潔さ……88
企業主導型保育の魅力④ 実質ゼロ円も可能!? 手頃な保育料……90

企業主導型保育の魅力⑤　認可保育園と同等の保育環境 …… 91
企業主導型保育の魅力⑥　企業の特色を活かしたユニークな保育も …… 97
企業主導型保育のメリット①　女性社員の採用や定着を加速させる …… 99
企業主導型保育のメリット②　地域枠で地域に貢献もでき、定員割れのリスクも低い …… 101
企業主導型保育のメリット③　助成金で企業の負担が少なく抑えられる …… 103
企業主導型保育の事業者・利用者の条件 …… 105
企業主導型保育の導入までの流れ …… 107
助成金を活用して従業員に必要な保育サービスを充実させる …… 128

第4章

企業主導型保育だからこそ叶う「質の高い保育」

保育園での事故が急増している!? …… 146
保育の「質」を決めるものとは …… 148

保育士を採用するうえで大切なこと …… 152
保育士の自主性を伸ばす環境づくり …… 156
保育士以外のさまざまな視点が保育の多様性を高める …… 159
企業主導型保育だからこそ叶う質の高い保育 …… 161

第5章

企業から子育て支援の輪を広げ、女性が活躍できる職場に

あらゆる職場で女性は活躍できる …… 166
コロナ禍で力を発揮した「院内保育」 …… 168
子育てしやすい職場の雰囲気をつくるのも経営者の役目 …… 172
よきロールモデルをつくり、引き継いでいく …… 174
お母さんたちの心に余裕を …… 175
預ける側も保育園を一緒につくっていける …… 177

夢のある仕事が保育士の可能性を伸ばす …… 179
支援の輪を広げ、女性が活躍できる社会へ …… 182
おわりに …… 184

第1章

優秀な女性社員が辞めていくのはなぜか

～働く母親たちの本音
出産前の職場で
働くことを諦めた理由～

〝職場に復帰したいタイミング〟で預ける先が見つからない

「私はこのまま働き続けるべきなのでしょうか……」

育児休業（育休）から復帰した女性社員の口から、そんな弱音が漏れるのは、珍しいことではありません。保活を勝ち抜いて子どもを保育園に預けることができたときには、独身時代に戻ったかのような身軽さで、「さあこれから働くぞ！」と意気込んでいたはずなのにです。

出産後も働き続ける女性が増えてきたとはいえ、まだ４割を超える女性たちが妊娠出産をきっかけとして離職しているという現実からも、今の日本社会で子どもを育てながら働くことの大変さがうかがい知れます。

出産前までは、業務をバリバリとこなし、いきいきと働いていたのに、育休から復帰して時短勤務で働くうちに、どんどん疲弊していき、会社を辞めることを考える――。

子育てをしながら働く女性社員たちが出産前の職場で働くことを諦めざるを得なかった

背景には、どんな事情があったのでしょう。この章では、彼女たちの本音を見てみましょう。

まず、出産前の職場で働き続ける以前に必要になるのが〝職場に復帰したいタイミングで子どもを預けられる先があるかどうかということです。

近年の待機児童数の状況を見てみると、２０２０年には全国で１万２４３９人となりました。厚生労働省によれば、待機児童数の調査を開始して以来、過去最少の人数です。自治体ごとに状況を見てみても、約８割の自治体では待機児童がゼロになっていて、自治体の待機児童数の格差も減っているという状況です。

政府は「子育て安心プラン」として、２０１８～２０２０年度までの３か年計画で、待機児童問題の解消を目指してきました。女性の就業率が８割まで上がっても対応できるように、２０２０年度末までに32万人分の保育の受け皿を新たに確保し、待機児童問題を解消することを目標としてきたのです。

２０２０年９月時点の厚生労働省の発表によれば、子育て安心プランの２年目となる２０１９年度までの保育の受け皿の拡大量は、市区町村分で約16・４万人分、企業主導型保育事業で約３・７万人分となり、合計で約20・０万人となっています。

待機児童数と保育所定員の推移

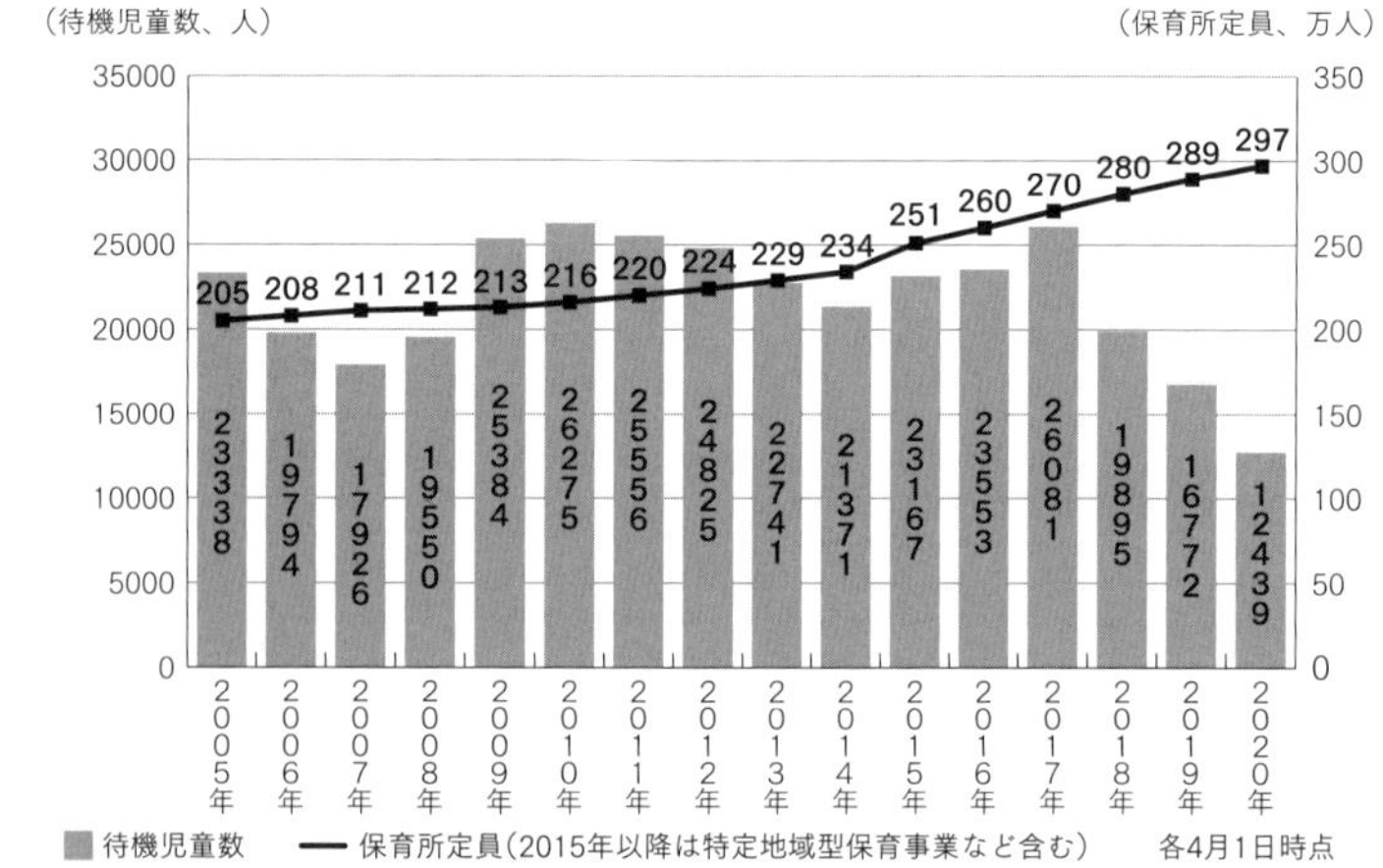

出典：厚生労働省「保育所等関連状況取りまとめ（令和2年4月1日）」

また、子育て安心プランの実施方針に基づく各市区町村の「子育て安心プラン実施計画」の集計によると、企業主導型保育事業の事業主拠出金による整備予定量と合わせて、２０２０年度末までに、約31・2万人分の保育の受け皿を拡大する見込みであると発表しています。

このように、数字だけを見ると、政府が目標としている32万人分には届いていないものの、待機児童数がピークだった頃に比べれば、認可保育園に預けやすくなっているといえるはずです。

ただ、預けたいタイミングで預けられているのかというと、必ずしもそうではないようです。

三菱ＵＦＪリサーチ＆コンサルティングの「労働者アンケート調査（平成30年度）」によれば、保育所等へ入所済みの人に、末子の保育所等への入所時期が希望に合っていたかという質問をしたところ、「あてはまる」と回答したのは、正社員の女性で67・２％、非正規社員の女性で68・２％でした。保育所等に預けることができた人のなかでも２割弱が希望する時期に預けることはできなかったようです。この調査の対象となったのは「保育所等へ入所済みの人」なので、保育園に入れなかった人を入れると、復職のタイミングで預けられなかった人はもっと多い可能性もあります。

また、待機児童数は社会情勢に左右されるという点を忘れてはなりません。

それが顕著に表れたのが、新型コロナウイルスの流行でした。私が経営する保育園でも、新型コロナウイルスの流行に伴って、問い合わせの件数が明らかに増えました。これは、コロナ禍によって収入が減り、子どもを預けて働きたいという人が増えたと考えるのが妥当でしょう。

各自治体は保育の受け皿を増やしてきましたが、潜在的に「働きたい」と考えているお母さんはまだまだたくさんいる可能性があります。実際に、国立社会保障・人口問題研究所の第15回出生動向基本調査で、出産を終えた段階で仕事に就いていない人を対象に就業希望の有無を尋ねたところ、86％の人が就業したいと考えていることが明らかになりました。

そういった人たちが大きな出来事をきっかけに、同じタイミングで子どもを預けて働こうと考えて一斉に行動に移した場合、「働きたいのに預けられない」という状況が発生することは今後も十分にあり得るでしょう。

〝安心して〟預けられる先が見つからない

待機児童数が減ってくるにしたがって、「預ける先が見つからない」という声にも変化が起きています。

これまでは、預けたい人の数に比べて、保育園の数が圧倒的に少ないために、預けられる先がどこにもないという悲痛な叫びでした。しかし、最近では保育園の質の問題に重心が移ってきているのではないかというのが、保育の現場の肌感覚です。

もちろん、働くためには子どもを保育園に預けられるかどうかが第一関門となりますが、お母さんたちの本音としては、「ただ預けられればよい」というわけではありません。大切なわが子なのですから「〝安心して〟任せられる保育園に預けたい」と考えるのは当然でしょう。そうすると、無闇に受け皿の「数」だけを増やしても、〝今の〟待機児童問題は解決しません。

お母さんたちが保育園を選ぶときに「安心」のための一つの指標とするのが、「認可」という公のお墨付きです。国の決めた基準を満たしているということは、ひとまず安心の材料になります。そのため、認可保育園に入れようと妊娠中から見学に行ったり、少しでも「保育の必要性」の判定基準になる点数を稼ごうと、保活に励んだりするのです。

お母さんたちの「預けられない」という声は、「〝認可保育園に〟預けられない」、さらには「〝希望している保育園に〟預けられない」という意味合いであることが多くなってきています。

しかし、視野を広げてみると、子どもを安心して預けられる先として、選択肢は認可保育園だけではありません。

一つ目の選択肢は、認可外保育園に預けるということです。

過去に認可外保育園での事故がセンセーショナルに報道されたのを目にしたことで、「認可外は危険」という印象をおもちの方もいると思いますが、実際は必ずしもそうとは限りません。むしろ、認可外だからこそ、制限を受けることなく、先進的な保育を展開している保育園もたくさんあります。

最近では、英語などの語学教育やリトミック（音楽で楽しく遊びながら子どもたちのもつ能力を引きだしていく教育）、体操などに力を入れて、独自の特色を出している認可外保育園も見られます。

また、認可外保育園であれば保育料が年収の多寡によって変動しない場合がほとんどのため、世帯収入の多いご家庭の場合、認可保育園より保育料を安く抑えられることもあります。

選択肢は保育園だけではありません。ベビーシッターを利用するという手もあります。

私が茅ケ崎市でベビーシッター請負事業を始めた１９９４年頃に比べて、ベビーシッターを利用するお母さんはずいぶんと増えています。実際に利用している方は、曜日や時間帯を決めて預けたり、用事があるときに必要に応じて頼んだりと、困ったときに頼れる存在として、柔軟に活用されています。

特に、０～３歳は母親の愛情をいちばん必要とする時期です。そのため、ベビーシッターさんに預けて一対一で見てもらうというのは、この時期の子どもの預け方として、最適の方法なのではないかと個人的には考えています。

日本でも、大家族で暮らしていた時代には、お母さんが働いている間、祖父母などの身内や年上のきょうだいが面倒を見るというのは、よくある光景でした。それを、今はベビーシッターさんが代わりに行うというイメージです。

ベビーシッターというと、費用がかさむという印象をおもちの方もいるかもしれませんが、内閣府のベビーシッター派遣事業を利用すれば、１回あたり２２００円の割引が受けられます。また、自治体独自の助成制度がある地域もあります。それ以外にも、民間の福利厚生サービス会社による割引制度が利用できる場合もあります。そういった制度を使えば、家計からの出費を抑えながら利用することができます。

また、安全面という観点においては、全国保育サービス協会の「認定ベビーシッター」という資格を取得しているベビーシッターなら、きちんと研修を受けて、乳幼児を保育するうえでの必要な知識を身につけているので、安心して預けることができます。

お金が必要だから働くのに、給料が保育料に消えていく

認可保育園では、世帯収入によって保育料が変わります。世帯収入が高ければ、保育料も上がるしくみになっているからです。

子どもを保育園に預けることを考えて、認可保育園の保育料の試算をしてみたところ、思っていたよりも保育料が高過ぎて、仕事に復帰すべきか迷いが生じてしまったという悩みを聞くこともあります。

世帯収入によっては、認可保育園の保育料は高額になるだけでなく、子ども手当が減額されることすらあります。

そうでなくても、時短勤務での復帰の場合、出産前より収入が減るうえに保育料が出ていくことになるので、収入と支出のバランスによっては、「子どもを預けて大変な思いをして働くのは割に合わない」と感じる人もいるようです。

ＮＨＫエデュケーショナルが２０１８年に未就学児の子どものいる母親を対象に行った調査によると、就業している人のうち、働くことの目的を「家計のため」と答えた人の割

働くことの一番の目的

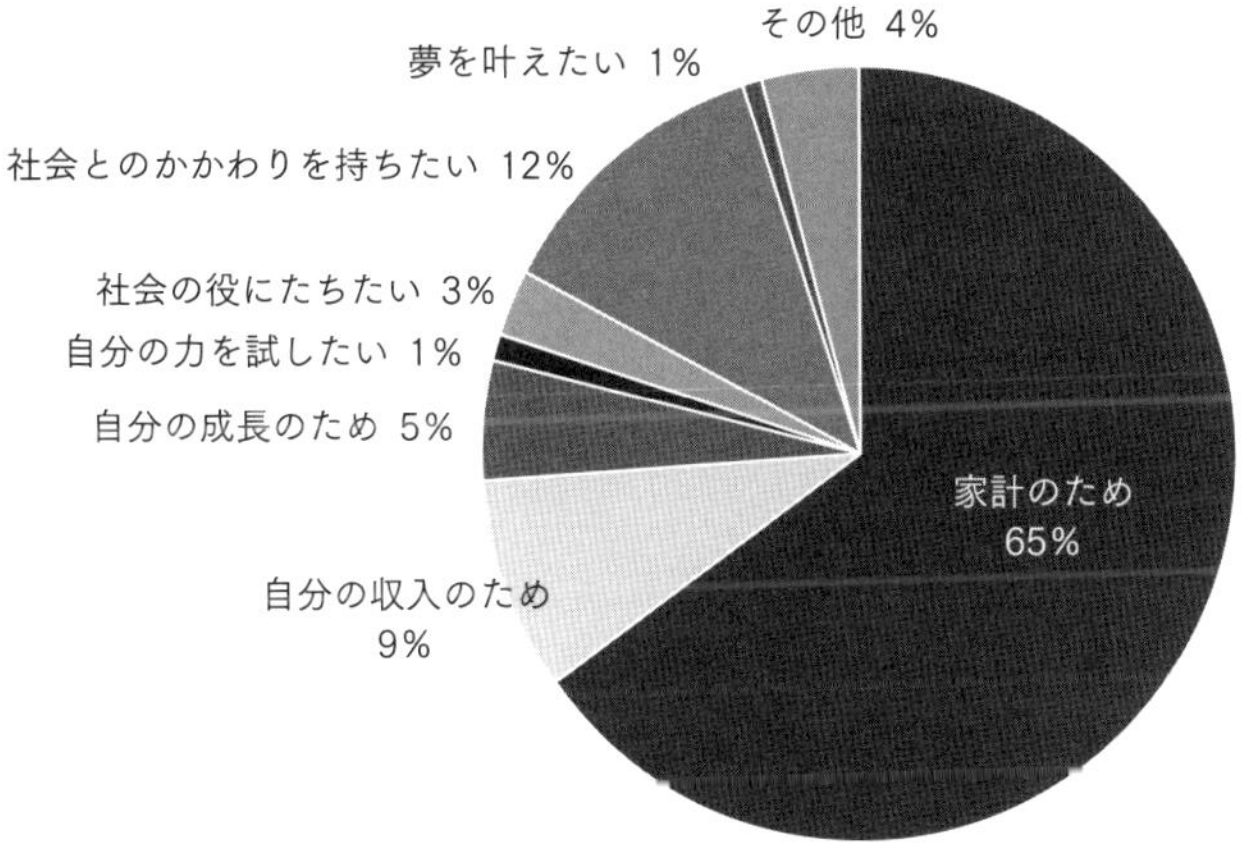

出典：NHKエデュケーショナル「すくコム」ママの就労に関するアンケート

合は65%でした。「自分の収入のため」と回答した人を合わせると7割を超えます。多くの人はお金を得ようとして働いているのに、働くために子どもを預ける保育料が大きな負担になるのでは、働こうという気持ちも削がれてしまいます。

認可保育園の保育料を決める要素には次の四つがあります。

・世帯収入
・自治体
・保育時間
・子どもの年齢

● 保育料　国の基準額

保育認定の子ども				
階層区分	（2号認定：満3歳以上）		（3号認定：満3歳未満）	
	利用者負担		利用者負担	
	保育標準時間	保育短時間	保育標準時間	保育短時間
①生活保護世帯	0円	0円	0円	0円
②市町村民税 非課税世帯	6,000円	6,000円	9,000円	9,000円
③所得割課税額 48,600円未満	16,500円	16,300円	19,500円	19,300円
④所得割課税額 97,000円未満	27,000円	26,600円	30,000円	29,600円
⑤所得割課税額 169,000円未満	41,500円	40,900円	44,500円	43,900円
⑥所得割課税額 301,000円未満	58,000円	57,100円	61,000円	60,100円
⑦所得割課税額 397,000円未満	77,000円	75,800円	80,000円	78,800円
⑧所得割課税額 397,000円以上	101,000円	99,400円	104,000円	102,400円

※給付単価を限度とします
※満3歳に到達した日の属する年度中の2号認定の利用者負担は、3号認定の額を適用します

出典：内閣府・文部科学省・厚生労働省『子ども・子育て支援新制度ハンドブック』（平成27年7月改訂版）

まずは世帯収入です。世帯の所得額が増えるほど、保育料は高くなります。

そのため、同じ保育園に通って、同じ保育サービスを受けていても、家庭の所得によって支払う保育料には大きな差が出ることがあります。

国の基準額は右ページの表のとおりです。

これに、各自治体がそれぞれ補助を出し、実際に保護者が支払う金額が決まります。

そのため、認可保育園の保育料の上限は自治体によって異なります。例えば、３歳未満の保育標準時間の場合、月額保育料の上限として国が定めているのは10万４０００円です。これに各自治体が補助を出して、実際に支払う保育料が決まります。

自治体では、認可保育園の保育料を家庭の所得に基づく市区町村税所得割課税額などによって決めています。

日本経済新聞社と日経ＤＵＡＬとの共同調査（２０１５年）によると、３歳未満の保育料の上限の平均は６万４１６７円ですが、いちばん高い自治体では８万５７００円、一番安い自治体で４万２７００円と、月額の保育料の差が４万円を超えることが分かりました。

さらに、モデル家庭として、次の条件を設定した場合の比較も行っています。

【モデル家庭の条件】

・夫婦の世帯年収700万円

・子ども一人

・中間層家庭（市区町村税所得割課税額が25万円）

このモデル家庭が2015年10月に入園した場合の保育料は、3歳未満の場合は平均4万4284円で、最高額は5万9900円、最低額は1万2400円となり、やはり自治体によって4万円以上の差があることが明らかになっています。

三つ目は保育時間です。条件は自治体により異なりますが、保育時間は1カ月の労働時間数によって「保育短時間」「保育標準時間」に分類されます。

育児休業からの復帰を考える際、正社員の場合は、短時間勤務かフルタイムかという選択肢があります。

すべてが赤ちゃん中心に動いていた生活から、会社で仕事をするという環境の変化は、お母さんたちにとって大きな変化です。いきなりフルタイムで復帰するのは、お母さん自身の体に大きな負荷がかかります。夜泣きをする時期であれば、仕事で体力を消耗しているうえに、睡眠時間も削られて疲れが蓄積していきます。

そういった事情を考えると、短時間勤務のほうがお母さん自身の体への負担は少なく、また保育園等に預ける時間も短くて済むので、預けられる子どもの負荷も小さくなります。ただ、出産前に比べて勤務時間が短くなるということは、その分、収入が少なくなるということを意味します。収入と保育料のバランス、そして自分の体力と子どもの負荷を考え合わせて、お母さんたちは働き方を選択することになります。

四つ目はお子さんの年齢です。0～2歳は、一人の保育士が見られる子どもの数が少なく、必要とする保育士の数も増えるため、保育料は高くなります。

育児休業が明けて働く場合は、ほとんどが1歳前後になります。3歳以上になれば、幼児教育無償化によって家庭の負担は減りますが、育児休業から復帰後の2年程度は、支出が大きくなることになります。

0～2歳は手がかかるうえに、保育園に預けるとなると保育料は高く、保育園に通い始めても体調を崩すことも多くなりがちです。朝、保育園に預けるたびに大泣きされることもあります。家計のために働くことにしたけれど、少しでも子どもとの時間を大切にしたいと短時間勤務を選択した結果、出産前より収入が減り、さらに保育料が出ていくことで手元に残るお金が少なくなってしまう……。

そのような状況で働くお母さんたちの脳裏に浮かぶのは「何のために働いているのか分からない」という思いです。

働きながらの「ワンオペ育児」

女性の社会進出に伴って、この数十年の間に育児や家事をこなす男性が日本でも増えてきました。それでも、まだまだ女性が担う割合が高いことを示す調査があります。

働きながら育児をする女性を対象にリンナイが行った調査（2019年）によると、働く母親の7割弱が「自身がワンオペ育児の状態になっていると感じる」と回答しています。

ワンオペ育児とは、育児を一人で行うこと。育児だけでも大変なのに、仕事をしながら、ほぼ一人で育児も家事もするというのは大きな負担になります。

また、自分とパートナーの育児分担の割合を尋ねる質問では、育児の約8割を女性が担っているという結果になっています。

育児分担の割合の国際比較

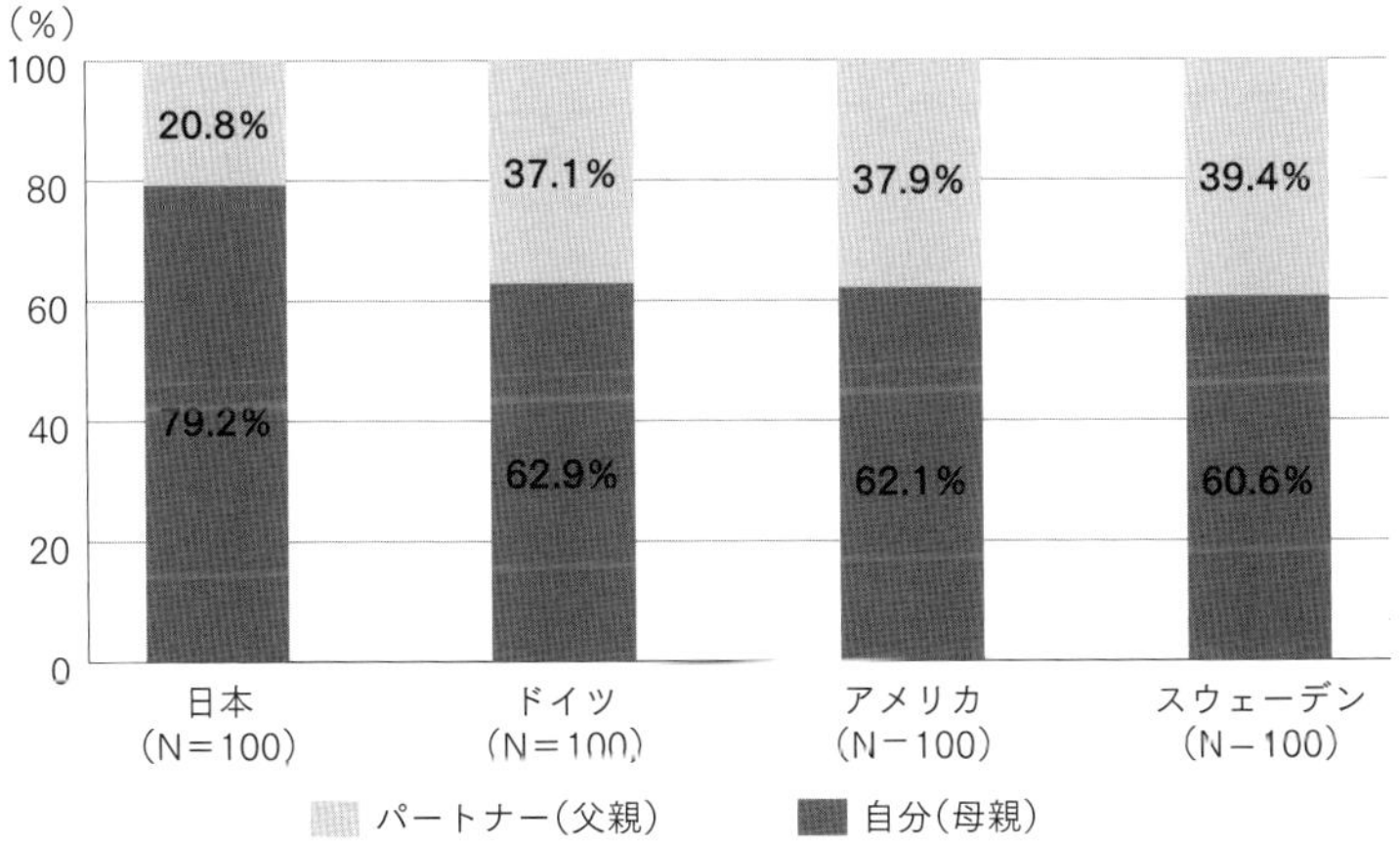

（リンナイ調べ、抜粋）

この調査の対象となったアメリカ、ドイツ、スウェーデンでは女性が担う割合は６割程度という結果になっています。もちろん、日本でも育児に積極的に参加している男性もいます。しかし、国際的な比較をしてみると、日本ではまだまだ女性が育児の多くを担当しているということが分かります。

三菱ＵＦＪリサーチ＆コンサルティングが２０１９年に行った調査によると、育児にかける時間を尋ねる質問について、正社員の男性は、育児について「まったくしていない」あるいは「30分未満」と答えた人が２割でした。さらに、「保育所等への送り」や「保育所等への迎え」については４割程

●パートナー（父親）の育児内容の国際比較

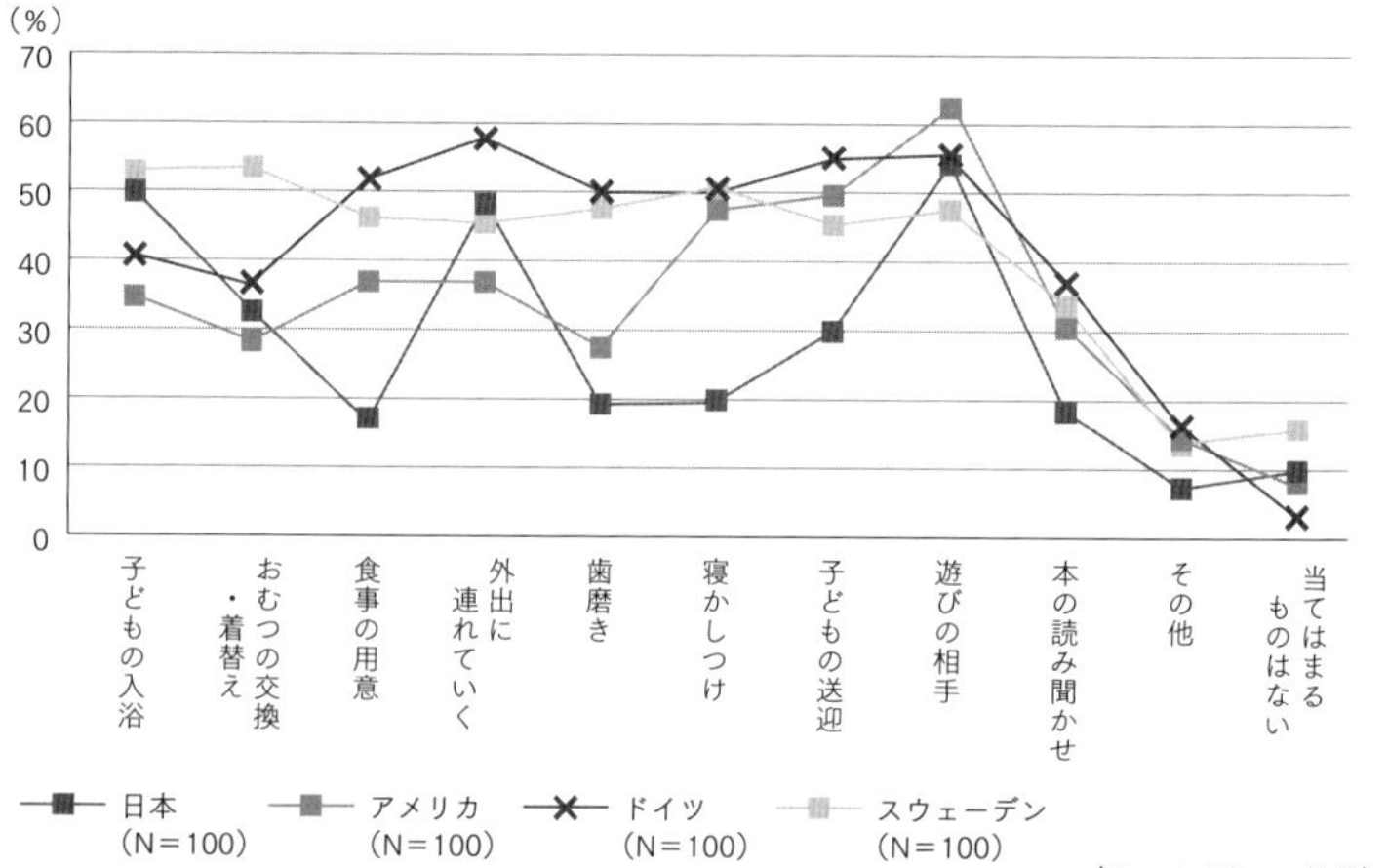

（リンナイ調べ、抜粋）

度の人がまったくしていないと回答しています。

朝、朝食の支度をし、子どもを起こし、朝食を食べさせ、身支度をさせて、保育園に送り、それから出社して、保育園からの呼び出しの電話におびえながらも短時間勤務で大量の仕事をこなし、やっと勤務時間が終わったと思ったら急いで保育園に迎えに行き、夕食の支度をして、食べさせ、お風呂に入れ、歯を磨いてやり、寝かしつける。そのあとに家事をこなし、時には持ち帰りの仕事をこなす……。

子育てしながら働くお母さんの1日は、ざっと書き出しただけでも、ぐったりしてしまうようにハードです。

前述のリンナイの調査では、母親の育児の悩みとして4割以上が「体の疲れが取れない」と答えています。家族のために睡眠時間を削って仕事に家事に育児にと奮闘し、疲弊する女性たちの姿が浮かび上がってきます。

子どもを預けてまで働くのかという身内からの圧力

そうやって身を粉にして働く女性の気力をじわじわと奪うのが、身内からの「子どもを預けてまで働くのか」という圧力です。

30年くらい前までは、夫が働き、妻は専業主婦という家庭が多く、子どもは3歳まで母親が手元で育て、4歳になる年の4月から幼稚園に通わせるという方が多数派でした。その時代に子育てをした世代には「3歳にも満たない子どもを保育園に預けるのはかわいそう」という考え方が根強くあります。なかには、子どもが3歳になるまでは母親が子育てに専念するべきだとする「3歳児神話」をいまだに正しいと信じて疑わない方もいます。

3歳児神話は、1998年の厚生白書によって「少なくとも合理的な根拠がない」と断定されています。今では、子どもと一緒にいる時間に適切な関わりがされているならば、子どもを預けることに罪悪感をもつことはないといわれていますが、世代間の認識のズレはまだまだあります。

また、最近ではベビーシッターを利用する人も増えてきましたが、祖父母世代には子どもをベビーシッターに預けるということに抵抗がある人も多いようです。

祖父母世代にとっては、「ベビーシッター」というと、アメリカなどで高校生がアルバイトでやっている仕事というイメージが強く、まれに報道される不祥事のインパクトなどから、小さな子どもを見ず知らずの人に預けても大丈夫なのかと心配されるようです。

日本の場合、全国保育サービス協会の認定を受けているベビーシッターなら、きちんとした研修を受けており、専門的な知識やスキルをもっているので安心して預けることができます。

また、ベビーシッターのなかには、保育士や幼稚園教諭の資格をもっている人もいます。近くに預けられる身内などがいないのであれば、ベビーシッターは頼れる存在になります。

「家計を助けるために働こうとしているのに、身内から「子どもを預けてまで働くのか」という圧力がかかると、お母さんたちはやり場のない憤りを抱えることになります。

保育の現場に身をおくと、そういったお母さんたちの苦労をひしひしと感じます。

子育てしながら働くことで生じる職場の人間関係のひずみ

子育て中のお母さんたちの悩みのなかでも、特に多いのが職場の人間関係に関するものです。

働くお母さんたちと接していると「今の職場の人間関係に疲れてしまい、転職しようかと思っている」という相談を受けることも少なくありません。

子育てをしながら働いていると、周囲のサポートを必要とする場面が何度もあります。同僚にも子どもがいて、子育ての事情を実感をもって分かり合える同士であればまだよいのですが、そうでない場合は、頼る側も頼られる側も徐々にストレスが蓄積していきます。

例えば、子どもを預けて働きだしたときに、お母さんたちの大きな負担になることの一つに、子どもの突然の体調不良があります。朝は元気に登園したのに、保育園から発熱の連絡が来て慌てて迎えに行かなければならないというのはよくあることです。

特に、保育園に通いだした頃は感染症にかかりやすく、頻繁に熱を出すケースもあります。そのたびに、仕事の都合をつけて迎えに行かなければならないのは、物理的にも精神的にも大変です。場合によっては、同僚に仕事を引き受けてもらわなければならないこともあるでしょう。

最初は、頼られる側も、快く仕事を引き受けてくれていたとしても、それが度重なると、負担に感じるのも仕方のないことかもしれません。頼む側としても負担をかけることは分かっているので、仕事を頼むときにストレスを感じ、自分で抱え込んでしまうというケースもあります。短時間勤務のために残業ができず、溢れた分の仕事を同僚に頼むこともできず、仕方なく持ち帰って、子どもを寝かしつけたあとに仕事をするという人もいます。

女性が多い職場だから育児に理解があるとも限りません。子育てに主体的に関わった経験のある人が少ない職場では、子育てをしながら働く大変さを、なかなか理解されにくい傾向があります。

多少、仕事が大変であっても、職場の人間関係が良好であれば乗り切れるものです。

しかし、職場に居心地の悪さを感じ、わが子には保育園に長時間預けていることを後ろめたく思い、仕事と育児が両立できない自分を歯がゆく思う——。

そんなふうに幾重にもつらさを抱えて働いている場合、「ここまでして働かなければならないのだろうか」という気持ちになるのも仕方のないことです。

「マミー・トラック」によってキャリアを絶たれる

それでは、育児をしながら働く女性に対して、配慮の行き届いた会社なら長く働けるのでしょうか。

実はそうであるとも限りません。過剰な配慮によって、キャリアアップの機会を奪われ、仕事へのモチベーションが下がってしまうというケースもあります。

「マミー・トラック」という言葉があります。仕事と育児の両立ができる働き方であるものの、昇進・昇格の道が閉ざされたキャリアコースを指す言葉です。

この言葉は１９８０年代にアメリカで生まれました。当時のアメリカは、子育てしながら働く女性が急増していたにもかかわらず、保育の環境が十分に整っていないという段階にありました。そのため、この言葉を提唱したフェリス・シュワルツは、女性の働き方を、仕事を優先するのか、仕事と家庭を両立させることを優先するのかの二つに分けて考えた

マミー・トラック

のです。

仕事を優先する人が歩むのは「ファスト・トラック」と呼ばれる出世コースです。

それに対し、仕事と家庭を両立したいと望む人に用意される道を、シュワルツは「マミー・トラック」と名付けました。育児休業やワークシェアリング等の制度整備を企業に提案し、仕事と育児の両立を目指すことで、多様な生き方や働き方の実現につながると考えたのです。

マミー・トラックを選択すれば、仕事の分量を減らしたり、責任の重い仕事を避けたりすることができるので、仕事と子育てとの両立はしやすくなります。子どもと過ごす時間を多く取りたいと望む場合は、メリットが大きいといえます。

しかし、仕事の内容としては、どうしても補助的な業務を割り当てられることが多くなり、その結果としてキャリアアップの道が閉ざされてしまうというデメリットがあります。また、出産前の役職から降格したり、仕事の内容が大幅に変わったりすることで、給与が大幅に下がることもあります。

マミー・トラックに乗ることを本人が望んでいればよいのですが、周囲の過剰な配慮によって重要な仕事を任せてもらえず、結果的にマミー・トラックに乗ってしまった場合は、本人が仕事にやりがいを見いだせなくなり、「子どもを預けてまで、この仕事をする必要があるのだろうか」と働くことに対するモチベーションが下がってしまうことがあります。

仕事と育児の両立はできたとしても、キャリアと育児は両立できないからです。

このようなミスマッチは、育児休業を取り入れたことのない会社にも多く見られます。育児休業を利用する側も、受け入れる側も、どうしてよいのか分からないままに遠慮しながら進めてしまうと、会社側も社員側も、それぞれが「こんなはずではなかったのに」ということになりかねません。

働くことは諦めないけれど、今の会社で働くことは諦める

従来は、子育てをしながら仕事をすることに難しさを感じれば「離職する」というのが一般的な流れでした。働くこと自体を諦め、家庭に入って子育てに専念するというパターンです。

ところが、近年はその傾向が変化しています。

転職市場で「子育て中歓迎」を前面に出した求人が増えているのです。

エン転職によれば、2019年の「子育て中歓迎」の求人は、2015年比で3倍になったといいます。その職種も、事務職や営業職からエンジニア、デザイナーなど、幅広くなっています。

少し前までは、例えば「1歳の子どもがいる」というだけで、書類選考で落とされてしまうなどといわれていました。しかし、現在の職場で仕事と育児を両立することに限界を感じれば、「仕事を辞める」のではなく「勤め先を変える」という選択をすることが可能

な環境になっているのです。

出産前の職場に戻ったとしても、土日勤務があったり、長時間の勤務になったりすることがあるなら、育児をしながら働くのは大変だということは目に見えています。そのため、いったん復職するものの、働きながら転職先を探すという人もいるようです。

最近では、子育て中の女性社員が活躍している企業の求人ばかりを集めたサイトも出てきました。日本全体の労働人口の減少を考えると、今後、優秀な人材を確保し、長く働き続けてもらうことは、企業の重要な課題となるでしょう。

さまざまな業界において、企業が仕事と育児の両立支援に力を入れ始めている今、育児しながら働くための環境を整えることに乗り遅れている企業は、危機的な状況にあるといえます。今後、人材の採用に苦労するようになるだけでなく、せっかくスキルを身につけた優秀な人材が次々と流出して、会社として先細りしてしまうリスクを抱えているということになるからです。

それでは、仕事と育児の両立を支援している会社はどのような取り組みをしているのか、次の章で見ていきましょう。

第2章

子育て支援制度や柔軟な勤務体系など、今すぐ取り組める働きやすい環境づくりとは

出産・育児を経て長く働ける職場とは

出産を機に女性社員が退職する会社がある一方で、出産・育児を経て、長く働き続けられる会社も多く存在します。そういった会社には、どのような特徴があるのでしょうか。

子育てしながら働きやすい環境は、次の三つに集約することができます。

・同じワーキングマザーとしての立場から相談に乗ってくれる存在がいること
・子育てしながら働くことについて、上司や同僚の理解があること
・子育てしながら働くうえで、会社の実情に沿った制度があり機能していること

それでは一つずつ見ていきましょう。

第一に、相談に乗ってくれる存在がいることについてです。それが先輩ママ社員であれば、より心強いでしょう。

キッズラインが２０１９年に育児休業制度を利用したことのある女性を対象に実施した調査によると、９割以上の人が「復職にあたり不安があった」と回答しています。こうした不安を解消するために役に立つのが、社内の先輩ママや、同時期に育休に入っている仲間の存在です。

産後も女性社員が長く働き続ける会社には、産休前後に相談できる人の存在があったり、育休を取った人同士のつながりをつくるしくみがあったりします。

特に初めての子育てであれば、分からないことばかりで不安も大きいものです。そんなときに、身近に子育てをしながら働いている先輩社員がいたり、人事に窓口があったりすれば、仕事と子育てを両立して働くことを前向きに考えられるようになるのです。

育休期間中に人事等の担当者に困り事を相談できるような機会や、同時期に育休から復帰する人たちと顔を合わせる機会があると、復職する際の不安もずいぶんと解消されます。また、子育てをしながら働くことでどのようなトラブルが起こり得るかを事前に把握することができれば、冷静に対処することもできます。

さらに、育児休業の経験者同士で横のつながりができていると、仕事と育児の両立に心が折れそうになったとき、自分だけで抱え込むことなく気軽に相談ができたり、復帰後もさまざまな形でそのつながりを活かしていくこともできます。

第二に、子育てしながら働くということに関して、上司や同僚の理解があるということについてです。

第1章でも紹介したように、子育てしながら働くうえで、職場の人間関係は重要です。本人にどれだけ働きたいという気持ちがあっても、子育てに不測の事態はつきものです。何かあったときに周りのサポートが得られる状態でなければ、働き続けていくことはできません。産後も働きやすい職場には、上司や同僚など、受け入れる側の理解が不可欠です。

第三に、子育てしながら働くことについて、会社の実情に沿った制度があり、それがきちんと機能しているということです。

子育てをしながら働くことを考えた場合にネックとなることがあったとしても、それをカバーできるような制度があれば、働き続けていくことが可能になります。

子育てしながら働きやすい会社には、長い年月をかけてでき上がった制度もあれば、どの会社でもすぐに取り入れられるような工夫もあります。ここで紹介したような特徴を備えた会社は、実際にどのような取り組みをしているのか、実例を見ていきましょう。

子育てしながら働きやすい会社のしくみ
～復帰後の仕事と育児の両立への不安を解消する～

まずは、「育休復帰プログラム」を導入しているオイシックス・ラ・大地株式会社の取り組みを紹介しましょう。このプログラムは、同社の女性社員が実際に育休から復帰したときの経験を踏まえてつくられているのだそうです。そのため、この会社で働きながら子育てをしていくうえで、どのようなハードルが現れるのかを、事前に知って心の準備をすることができます。

同社では４月から復職する社員が多いことから、年明けくらいから「復職者ランチ会」を行って、復職者同士の横のつながりをつくったり、会社の様子を把握したりする機会としてきました。

また、研修という形で、育休明けに困りがちな問題への対処法のアナウンスもしています。

内容としては、環境の変化による母親自身の体調管理、子どもの体調不良による仕事の中断についてや、復職後の家族への不満の対処法などが含まれています。

同社は育児休業を取得した社員が職場に復帰する際には「復職式」を開催しています。これは、育児休業を経て会社に戻ってきてくれたことへ、会社からの感謝を伝える場です。復職する社員は配属先の部署のメンバーからのメッセージも入っている「復職証書」を受け取ります。復職者が目に見える形で職場から歓迎されていると実感することで、職場の人間関係に対する不安も軽減されることでしょう。

復職して間もなくは、子育てと仕事を両立させようと無理しがちです。そのため、復職式の場では「育休前とまったく同じように働くことを求めていない」というメッセージを社長の口から伝えているのだそうです。こうした一言が会社のトップから発せられると、張り詰めていた社員の心も軽くなります。

復職式という機会に、自分の復帰が歓迎されていることを知ります。そして、会社は自分のことを大切に思ってくれているのだということをそれぞれの社員が実感するので、結果的に、仕事へのモチベーションを高く保ちつつ、その会社で長く働いていくことにつながります。

次に紹介するのは、株式会社ポーラ・オルビスホールディングスの例です。

同社では育児と仕事の両立を支援する両立支援担当を人事においています。基本的には出産・育児を経験した女性社員が担当となり、個別に社員の相談に乗ります。産休に入るときのことだけでなく、保育園に子どもを預けることについての相談まで、きめ細かくフォローをする体制が整っているのです。

同社でも、４月に復職する人が多いので、３月の初めに説明会を実施しています。説明を受けることで不安が払拭されるということもあるでしょうし、同時期に復職する人同士で横のつながりができるという利点もあります。

このように、社内の先輩ママや、同時期に育休を取っていた人などとのネットワークができることで、お互いに情報交換をしたり、悩み事を解消したりすることができるようになります。みんなが同じようなことに困っているのなら、会社に提案して、現状を改善していくことも可能でしょう。

エン・ジャパンが２０１８年に行った調査によると、休業前に面談を行っているという会社は53％で、復職前に面談を行っている会社も45％、また休業中に定期的な連絡を行っている会社は35％です。

育児休業中の支援

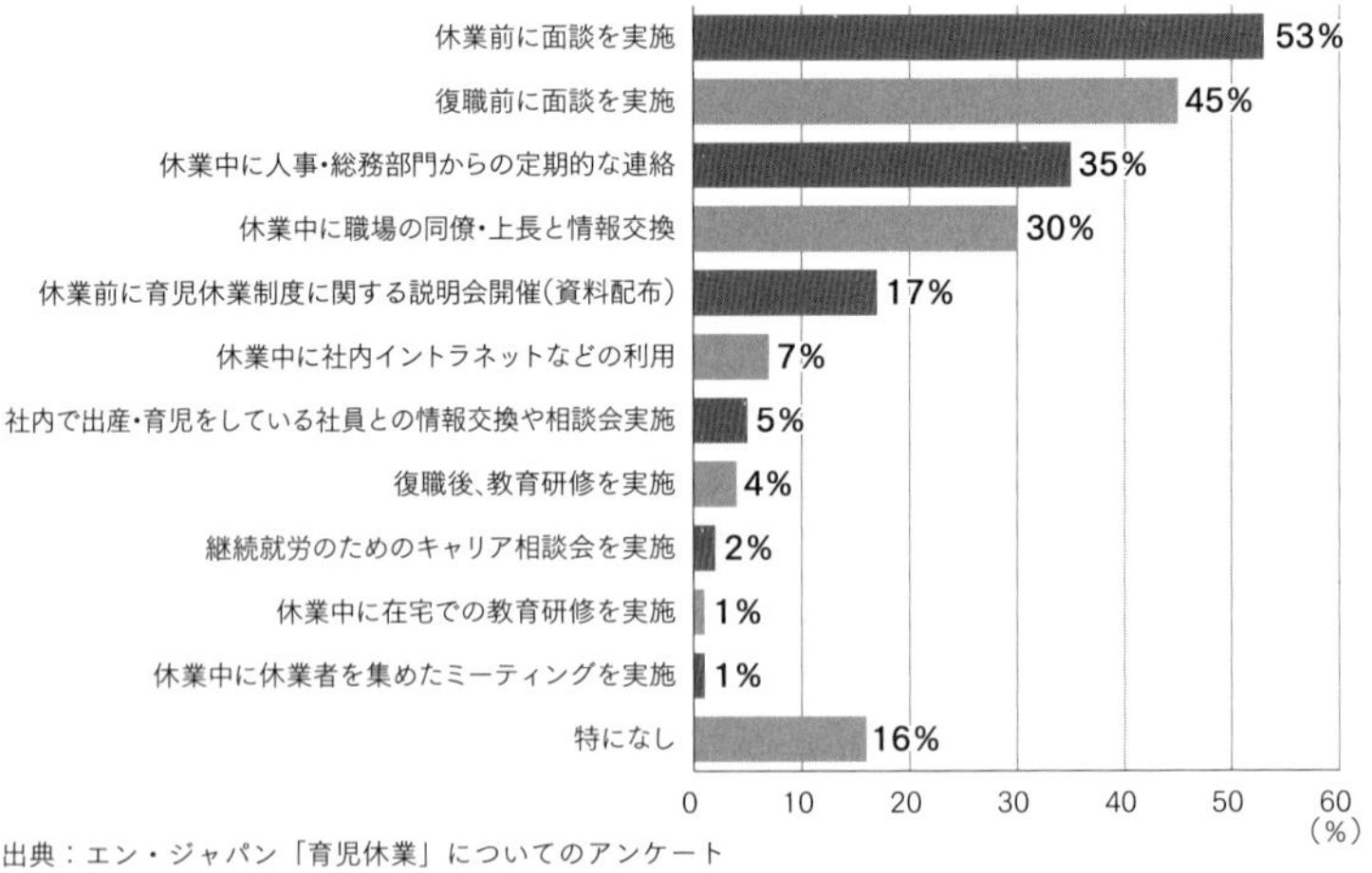

出典：エン・ジャパン「育児休業」についてのアンケート

オイシックス・ラ・大地のような手厚いプログラムでなくても、例えば育児休業に入る前や、復職前に面談の時間を取るだけでも、不安を多少は解消することができるはずです。また、復職後のキャリアをどう考えるかを人事スタッフなどと話し合うことで、第1章で紹介したようなマミー・トラックに意図せず乗ってしまうというようなミスマッチを防ぐこともできるでしょう。

以上を踏まえて育児休業を取る社員へのケアのポイントをまとめると、

・育児休業前にきちんとコミュニケーションを取っておくこと

・育児休業中は会社とつながっているという感覚をもってもらうような工夫をすること
・復職する前に、育児休業を取得した人同士の横のつながりができるような機会を設けること

ということになります。

実際に、オイシックス・ラ・大地の復職率はほぼ１００％（２０１９年）を達成しており、ポーラ・オルビスホールディングスも92・８％（２０１９年）となっています。

子育てしながら働きやすい会社のしくみ
～上司や同僚の理解～

子育てをしながら働きやすい職場の特徴の二つ目として、上司や同僚の理解があることが挙げられます。

前述のオイシックス・ラ・大地の育休復帰プログラムでは、受け入れる側の上司や同僚を対象としフォローする体制が組まれています。育児経験のない社員には、子育てをしな

がら働くことにはどんな大変さがあるのか、なかなか分からないものです。しかし、受け入れの心得が共有されることで、職場で起こりがちな問題を事前に防ぐこともできます。

この点において、ユニークな取り組みをしているのが、キリンホールディングス株式会社です。子育て中の社員などの、時間に制約がある働き方への理解を深めようと、国内主要会社を対象とした研修を実施しています。その名も「なりキリンママ・パパ」というプログラムです。このプログラムでは、子育て中の社員の日常を想定した架空の条件のもと、社員の働き方を1カ月間体験します。

その条件とは、次のとおりです。

・子どもの年齢は2歳前後
・パートナー（配偶者など）とは同居
・実家のサポートは原則なし
・フルタイム勤務

そして、このプログラムには、八つのルールがあります。

一つ目は、1日の所定勤務時間である7・5時間を徹底すること。この研修を受ける社員は保育園の送迎もするという設定なので、基本的に残業はNGです。

二つ目は、人事制度を活用すること。在宅勤務やフレックスタイムなどの会社の制度を知り、活用しなければなりません。自分で会社の制度を調べて実際に使うことで、どのような制度があるのかを知ることができ、詳細を把握することができます。

三つ目は、週1回に限り、残業や得意先との会食などはOKというもの。週に1回は配偶者の協力が得られるという設定で、退社時間を超えて勤務したり、業務上必要となる飲食が許されています。この条件は部門の特性に合わせて、部署ごとに回数や頻度を変更することが可能とされています。

四つ目は、保育園から呼び出しの電話がきたらすぐに帰宅、または翌日お休みすること。この研修に参加している社員には、唐突に「保育園からの呼び出し」の電話がかかってきます。これは人事総務部が事前に設定した自動音声の電話で「キリン保育園 園長の磯崎です。〇〇ちゃんが熱を出しました。耳を何度も触っていて急性中耳炎の可能性もあると思われます。今すぐ保育園まで迎えに来てください」といった、なんとも臨場感溢れる内容です。この電話を受けたら、上司や同僚に業務を引き継ぐなどの調整をして、すぐに帰宅しなければなりません。翌日1日休まなければならないという設定の電話がくることもあります。その場合も、翌日の業務を調整し、仕事を持ち帰って在宅勤務することは同様に禁止です。

五つ目は、残業可能な日以外で、突発的に残業するなら「ベビーシッター料金」を支払う想定で勤務するということ。この研修では、事前に自分が住んでいるエリアのベビーシッター代を調べ、人事総務部に知らせておきます。それは、この研修中に、どうしても残業しなければならなくなったときのためです。その場合は、「残業で子どものお迎えに行けないためにベビーシッターを利用した」という設定で、ベビーシッター代金を支払う想定で、最低限の勤務が可能になります。こうして、働くためにお金を払わなければならないという矛盾を体感したり、ベビーシッターの手配方法や手間を知ったりすることができます。

六つ目は研修開始時に、ママ（パパ）になっているということを宣言するというもの。社内の上司をはじめとする関係者のほか、任意で得意先にも宣言します。それぞれ自分の座席に「○～○日の期間、ママになります」といった内容を掲示したり、メールの署名に「なりキリン中」と書いたりするのだそう。

なりキリン宣言

七つ目は「なりキリンレポート・日記」を書くこと。この研修期間中は、生産性を上げるために工夫したことや感想などを任意で毎日記録しておき、研修期間が終わったあとに、レポートを提出することが義務づけられています。

八つ目は体験者一人あたり、期間は１カ月であることです。１カ月というスパンで経験することで、研修に参加している人自身も、周囲の上司や同僚も、よりリアルな体験をすることができます。

こういった形式の研修によって、座学で知識をインプットするというやり方よりも、子育てをしながら働くということに対して、実感をもって理解できるでしょう。

研修を受けた本人は、自分の業務についていつでも引き継げるように周囲と共有することの大切さを、身をもって経験します。また、限られた時間で業務をこなさなければならないため、自分の仕事をスリム化したり効率をよくしたりする工夫を行うようになるのだそうです。若い社員にとっては、将来、自分が子育てをしながら働くことになったときのよいシミュレーションにもなります。そして、この研修を経験する人が増えることで、補い合う文化も生まれてくるのだといいます。

また、復職者を受け入れる側の上司は、育休からの復職者にどのような質の仕事を、どの程度の量任せてよいのか分からないという悩みを抱えていることがあります。子どもの体調不良などによって突然仕事を休むことが想定されるので、責任の重い仕事はなかなか任せにくいと考える人もいます。

しかし、このような研修を行うことで、上司もマネジメントの仕方が分かるようになります。

子育てしながら働きやすい会社のしくみ
～ハードルを制度でカバーする～

「なりキリンママ・パパ」のような試みをすれば、子育てをするうえでどんなハードルがあるのかを、多くの社員が痛感するでしょう。そのハードルは制度を整えることでカバーできることもあります。

仕事と子育ての両立支援の制度として、代表的なものには、次のようなものがあります。

・短時間勤務制度
・所定外労働の制限
・子の看護休暇制度
・フレックスタイム制度
・年次有給休暇の１時間単位での取得
・在宅勤務制度

・リモートワークの導入
・保育料の補助
・病児ベビーシッター法人契約

厚生労働省の「令和元年度雇用均等基本調査」によると、短時間勤務制度については7割近くの会社が導入しています。また、所定外労働の制限についても6割の企業が導入していることが明らかになっています。その期間は、約半数が3歳未満であるものの、小学校入学以降も利用可能としている会社も約半数存在します。

在宅勤務やリモートワークの導入については、図らずもコロナ禍において多くの人が経験することになり、これまでよりも利用しやすい制度設計がされていくでしょう。

このほかにも、両立を支援するための制度を独自に整えている会社もあります。ポーラ・オルビスホールディングスでは、キャリアのブランクをできるだけ短くできるように、職場復帰手当を出しています。

三菱ＵＦＪリサーチ＆コンサルティングの「労働者アンケート調査（平成30年度）」によれば、復職・再就職を考えるうえで、「就業継続よりも、無理なく子育てができること」

を優先する人が３割である一方、「復職後も、できるだけ早くキャリアアップができること」を優先する人も１割弱存在します。子どもとの時間を少しでも長く確保したいと考えて育児休業を目いっぱい利用したいという人もいれば、キャリアのためにブランクを少しでも短くして早く復帰したいという人もいるのです。そこで、早く職場に復帰する人には手当を出しているのだといいます。

例えば、産後６カ月で復職すると、１歳半までは毎月５万円、３歳までは１万円の手当が付くという具合です。この金額の手当が付くと、せっかく働いているのに、給料が保育料に消えてしまう心理的なストレスが軽減されます。

育児にかかる経費の援助をしている会社は、数としては多くありませんが、一定数存在しています。

子育てしながら働きやすい会社のしくみ
～テレワークの活用～

子育てをしながら働いていると、子どもがいなかった頃に比べて、やらなければならないことが格段に増え、時間に追われがちです。お母さんたちは無駄な時間を削り、スキマ時間を活用して、なんとか時間を確保しようとします。子育て世代をターゲットにしたテレビ番組や雑誌には時短術が頻繁に特集されることからも分かるように、いかに時間を生み出すかは子育て中の社員の頭を悩ませる問題です。時間節約の対象として、通勤時間も例外ではありません。往復で毎日数十分、場合によっては数時間かかるのであれば、なんとかして少しでも削りたいと考えるのも当然でしょう。

この解決になるのがテレワークです。

新型コロナウイルスの流行によって、テレワークを活用する企業も一時的に増えました。とはいえ、急ごしらえのテレワークへの移行では不便を感じることも多く、世の中の状況が落ちつくと、あっという間にまた元どおりになったという会社も少なくありません。

その一方で、コロナ禍に先駆けてテレワークを戦略的に導入し、成功している会社もあります。

味の素株式会社は２０１７年から「どこでもオフィス」という呼び名でテレワークを導入しました。「どこでも」という名前のとおり、仕事はどこでやってもよいという柔軟な働き方です。

それ以前にも在宅勤務制度はあったものの、ルールが厳しかったために、なかなか利用が進まなかったのだそうです。

どんなルールだったかというと、まずは1週間前までに在宅でどのような業務を行うかを申請し、上司の承認を受けなければなりませんでした。そして、在宅勤務当日は、電話やメールで業務の開始と終了を連絡します。事後には、どんな業務を行ったのか、内容を報告することも義務づけられていました。さらに、業務を行う場所も限定されていたうえ、回数も月に4回までと定められていました。

確かに、これでは必要以上に手間がかかるわりに、自由度は低く、使い勝手のよい制度とはいえないでしょう。

この経験を活かして導入された在宅勤務制度「どこでもオフィス」では、ルールを大幅に改めました。

まず、週1回の出社以外は利用制限がありません。申請は前日までとし、災害時などの緊急の場合は当日の申請も可としました。事後報告の必要もなく、業務内容や場所も問いません。

この制度が育児をしながら働くうえで便利なのは、業務時間を分割することもできるという点です。

同社はコアタイムのないスーパーフレックス制を導入しているため、例えば、朝と夕方の時間帯は子どもと一緒に過ごし、早朝や午後、夜間に勤務するなどといった働き方も可能になるからです。

並行して、社員の自宅の近くなどで勤務できるサテライトオフィスなども拡充していきました。サテライトオフィスは社外に１４０拠点、社内に11拠点で、社宅にも２拠点（２０１８年時点）あります。

サテライトオフィスはもちろん、「どこでも」の名のとおり、自宅や、出張先のホテル、カフェなどでも勤務ができます。

その結果、「どこでもオフィス」の総実施者数はコロナ禍以前の２０１８年の数字で、全従業員の8割を超えました。このことは、社会情勢の強制力によって仕方なく利用したわけではなく、制度としてきちんと機能した結果であることの証明であるといえるでしょう。

このような高い利用率を実現したのは、ただ制度を整えただけでなく、デバイスにまで気を配ってそろえたということもあります。

味の素は「どこでもオフィス」の導入にあたって、持ち運びが楽にできる軽量のノートパソコンを全社員に配付しました。Ｗｅｂ会議にもどこからでも参加できるように、カメラを内蔵しており、バッテリーの駆動時間も長いタイプです。

このように、制度と環境が整い、「どこでも」仕事ができるようになったとき、残された問題はセキュリティーです。

同社ではパソコンの稼働時間や、メール通信ログ、インターネット・アクセスログを取得して管理しています。また、プライバシーフィルターも配付することで、社外で仕事をしているときにパソコンの画面をのぞき見されて思わぬところから情報が漏れるのも防いでいます。

テレワークというと、ホワイトカラーの業務のイメージが強くありますが、製造ラインを動かす工場でも「どこでもオフィス」が進められています。生産計画の立案や報告書の作成などは工場の中でなくてもできる業務だと考えているからです。

また、安定して稼働している状態であればＩｏＴなどの活用で、遠隔監視もできるといいます。最初から無理だと決めつけるのではなく、どうしたらできるかという方向で考えていく同社のやり方には学ぶべきことが多いでしょう。

子育てしながら働きやすい会社のしくみ
～子どものそばで働ける～

仕事と育児の両立といっても、仕事と子育ての比重は人それぞれです。子どもを保育園に預けて、仕事をバリバリこなしたいという人もいれば、子どものそばで過ごす時間をできるだけ多くして、子どもの成長を間近で見守りたいという人もいます。

後者の考え方に寄り添って、子どものそばで働けるようにオフィスとキッズスペースを一体化させた会社があります。

株式会社ママスクエアが展開しているのは、ママが子どものそばで働けるキッズスペース付きオフィス「mama square（ママスクエア）」です。

実際、同社で働くお母さんたちは、「子どもを保育園に預けられなかった」「子どもの近くで働ける会社を探していた」というケースが多いのだそうです。大型商業施設にテナントとして入るケースが多いため、アクセスのよい立地で、子連れでも出勤しやすく、仕事が終わってから買い物を済ませることもできて便利です。

● ママが安心して子どものそばで働ける「mama square」

子連れで出勤すると、まずオフィスにあるキッズスペースに子どもを預けます。キッズスペースとワークスペースの間はガラスで仕切られており、お母さんたちは仕事をしながらも、わが子の様子を見ることができます。おむつを替えたり、食事を与えたりということはお母さん自身がして、あとは見守りスタッフが行うというシステムです。

キッズスペースに預けることができるのは歩行可能な1歳過ぎから小学生までとなっているため、子どもが大きくなってからは学童保育のような使い方もできます。保育園から小学校に上がったときに、子どもの帰宅時間が早まったり、夏休みなどの長期休みでお母さんの働ける時間が制限されることは「小1の壁」と呼ばれていますが、ママスクエアの場合は、小1の壁に悩まされることもなく、子育てと両立しながら働きやすい環境を提供しています。

子どもをキッズスペースに預けたら、隣のワークスペースでお母さんたちは働きます。仕事の内容としては、テレマーケティングやデータ入力などです。なかでもテレマーケティングでは、主婦層の人材のパフォーマンスが高い傾向にあります。その主婦層の採用や定着のために、キッズスペース付きのオフィスというしくみは、大きく貢献しています。

2021年1月現在、全国に32カ所の直営店があり、その他の事業スタッフを合わせ1200人のパート従業員は、育児中の主婦がほとんどです。お互いに助け合って仕事の穴をカバーしたり、シフトを調整したりしやすい職場環境をつくりだしています。

ママスクエアの協力のもと、このしくみを応用した取り組みをしたのが、ソフトバンク株式会社です。

子育てをしながら働くということを考えたときに、職種によっては負担が大きいものもあります。

その一つが客先に出向く必要のある、外回りの営業です。

アポイントメントを取って、先方に会うという仕事の特性から、子どもの体調不良などの急なトラブルが発生したとき、仕事の調整がしづらいという面があるからです。さらに、休日に電話がかかってきて、クレーム対応に追われることもあります。

そのため、営業職で活躍していた女性が、育児休業から復帰したからといって、元の部署で子育てと仕事を両立させて働くというのは、なかなか難しいといえます。そのため、せっかく身につけた自社の商品知識や営業のスキル、仕事を通して築き上げた人脈などがあっても、出産を機に営業職を離れて事務職などへ移ったり、離職してしまったりということになります。

これは、本人にとっても会社にとっても大きな損失です。

ソフトバンクは、出産前に営業職だった女性社員が経験を活かして電話やメールによる営業の仕事を担当してはどうかと考えました。内勤の営業であれば、自分のペースを優先して仕事ができます。しかも、商品知識を活かすことができるのはもちろん、営業の感覚も失わずにいられます。そうして、いずれ子どもが大きくなったら、また営業現場に復帰するというキャリアパスを想定したのです。しかも、その際に、子どもと一緒に出社し、子どもの様子を見ながら働ける環境をつくることを目指しました。

最初は企業内に保育所を設立しようとしましたが、法律や基準に則った設置場所、必要設備、設置後の監視体制、運用コスト等のハードルに直面することになりました。その難しさを打破するためのヒントになったのが、前述のママスクエアの事例です。保育所ではなく、キッズスペース付きワーキングスペースという形を取ることで設置までのハードルが低くなり、このプロジェクトは大きく前進したのだといいます。

ママスクエアと同様、ソフトバンクの場合もキッズスペース付きワーキングスペースに子どもと一緒に出社し、常駐の保育スタッフに預けます。子どもが過ごすスペースは親から見えるところに配置し、食事やおむつ替えなどのお世話は親自身が行うこととしました。

この構想について、ソフトバンク社内で、法人事業に携わる関東圏の社員約４４００人にアンケートを行ったところ、育児休暇中・産休中の女性社員のうち9割もの人が利用したいという意向を示したといいます。

２０２０年時点では、このワーキングスペースでは14人の女性が働き、そのうち12人が子連れ出勤を実際に行っていたそうです。

子どものおむつ替えは母親がすることになっているので、キッズスペースから見守りスタッフが「○○ちゃん、おむつ替えお願いします」というプレートを出し、対応します。もし、業務の都合ですぐに対応できない場合は、ほかの女性社員が対応するなどと助け合っています。それはまるで、昔の隣近所で助け合いながら子育てをしていた頃のような雰囲気です。業務については、チームでタスク管理し、情報共有も頻繁に行うことで、不測の事態もカバーし合います。

（※2021年4月以降は対象部署に対象者がいないため、制度の実施は見送られています）

こういったキッズスペース付きワーキングスペースは、保育園と違い、食事の世話やおむつ交換などは母親自身が行うので、子どものちょっとした体調の変化に気づくこともでき、日々の成長を近くで感じることもできます。なにより、目の届く距離に子どもがいるという安心感があります。

また、子ども側も、幼児期から母親が働く姿を目にしているので、母親が働くことを理解し、成長とともに働くお母さんを誇りに思うようになります。それがさらにお母さんたちのモチベーションを上げることにもつながります。

第1章で紹介したように、求人広告を出す際、「子育て中歓迎」とうたう会社は増えてきています。とはいえ、実際には勤務時間が長かったり、休日も出勤しなければならなかったり、子どもを連れて出勤するまでの道のりが大変だったりすれば、なかなか人は集まりません。

このように、子どもの成長を近くで見守りながら仕事ができるしくみを整えることで、採用活動にも非常に有利に働きます。

「子育て中の社員を特別扱いしないこと」が女性躍進の最終段階

子育て中の社員のためのさまざまな取り組みを見てきましたが、「子育て中の社員を特別扱いしないこと」が女性躍進の最終段階だと考えているのが株式会社資生堂です。

資生堂は女性躍進のパイオニア的な存在です。ほかの企業に先駆けて、子育て支援の制度やしくみを整えてきた歴史があります。今、同社は「男女ともに育児・介護をしながらキャリアアップ」ができる会社を目指しています。

まずは、これまでの資生堂の育児支援策の歩みを見てみましょう。

同社では1990年に育児休業制度、1991年には育児時間制度が導入されています。

これらは2008年の改定を経て、育児休業は子どもが満3歳になるまで通算5年まで取得することを可能にしています。また、子どもが小学校3年生まで、1日2時間までの勤務短縮ができます。

1999年にはチャイルドケアプランを導入し、妊娠から職場復帰の流れを上司と確認し合えるコミュニケーション体制を整備しました。

2003年には従業員向けの事業所内保育施設「カンガルーム汐留」を開設し、定員枠の一部は近隣のほかの企業にも開放しています。

2007年には「カンガルースタッフ体制」を導入しました。これは、店頭でお客さま対応をする美容職の社員が育児時間を取得する際の、短縮勤務分をサポートする人員を派遣する制度です。この制度によって、美容職の社員の仕事と育児の両立が一気に加速することになりました。

また、2008年には「育児・介護期に社員の転居を伴う異動に関するガイドライン」を作成し、育児時間、介護時間を取得中の社員は、転居を伴う異動の対象外としました。

さらに、２０１４年には「カフェテリア制度子ども教育補助」として、子どもの塾、通信学習、習い事などの教育にかけた費用の補助を行うなど、さまざまな制度や施策を次々に繰り出してきました。

このように、子育て中の社員のための制度やしくみを他企業に先駆けて行ってきた資生堂が「資生堂ショック」として世間の話題を集めたのは２０１５年のことです。

短時間勤務中の美容職にも、支障のない範囲で遅番に入るように要請したのです。

その背景には、短時間勤務の制度が浸透したことにより、利用者が１０００人を超えたということがありました。

美容職の場合、短時間勤務を利用する人は、ほとんどが夕方に早く帰れる早番シフトに入ります。そうすると、独身者などの一部の社員の遅番に入る頻度がどうしても高くなることになります。夕方からは、店頭に訪れるお客さまが増える時間帯でもあるため、負担が集中するうえ、プライベートの時間が削られてしまうと不満の声が上がったのです。

これを受けて、現場の上司が短時間勤務中のすべての美容職の社員と個別面談を行い、支障のない範囲で遅番に入るように要請したのです。

そのことが「資生堂ショック」としてＮＨＫの番組で取り上げられると、世間で賛否両論を巻き起こしました。「短時間勤務の人も遅番に入るように要請」という表層だけ見れば、「女性を大切にする会社だと思っていたのにひどい！」という感想が出るのも仕方ないかもしれません。

しかし、ここまで見てきたように、資生堂は女性社員を大切にしていないわけではありません。むしろ女性社員を大切にしてきて、次の段階に入ろうとしていたのだといえます。

女性が子育てをしながら活躍できる会社に至るまでには、三つの段階があります。

第一段階は「女性が仕事と育児が両立できない」という段階です。女性社員が出産を機に退職してしまうという会社はここに相当します。

第二段階は「女性が子育てをしながら働ける」という段階です。今、大半の企業が目指しているのはこの段階でしょう。

そして、第三段階は「男女ともに、キャリアアップできる」という段階です。資生堂は、この第三段階に入ろうとしているのです。

資生堂が行ってきた、短時間勤務の社員への手厚い配慮が、女性が子育てをしながら働ける環境をつくり上げたのは事実です。

しかし、そのことが本人のキャリア形成を妨げるという側面もありました。

短時間勤務の社員は早番に入るということが慣例化すると、上司が短時間勤務の社員に対して遅番に入れるかを尋ねること自体がタブーになることもあるでしょう。日によっては遅番に入れる環境にあっても、ほかの短時間勤務の社員の手前、自分から遅番に入れるとは言いだしにくい雰囲気が生まれることもあるかもしれません。

美容職のように、経験を積めば積むほどスキルが身につくような性質の仕事では、育児によって勤務時間が短くなり、接客できる人数が減ることで、昇給や昇格のチャンスを失うことにもなります。

また、管理職に就くのは遅番のシフトに入れる社員に限定されるようになり、実際にはスキルもあって本人のやる気があっても、キャリアアップの機会をつかむことができないのです。

そういった事情から、資生堂は育児中の社員を一律に優遇する制度を廃止する方向へ、舵を切ったのでした。

小売業で同様の動きを見せている企業があります。

株式会社三越伊勢丹ホールディングスは、短時間勤務であっても、必要があるときは、１日単位でフルタイム勤務に戻せる制度を２０１４年から開始しました。

また、日本ロレアル株式会社は勤続１年以上の美容部員を対象に、短時間勤務選択制を導入しています。これは１日３・５時間以上、週２日以上の勤務から可能とする制度です。いったんは「アルバイト」という形にはなりますが、退職することなく仕事を続けられ、いずれ子どもの手がかからなくなれば、フルタイムに戻すことができるという制度です。働き方を柔軟に変えつつも、キャリア形成の道へ戻ることができます。

これまでに企業が目指してきた「仕事と育児の両立できる会社」から、「仕事と〝キャリア〟の両立ができる会社」へ、先進的な取り組みをしてきた企業はすでに、脱皮をし始めています。

本人に子育てをしながら仕事をする覚悟があるか

ここまで紹介してきたように、企業側も子育てをしながら仕事を続けてもらうために、さまざまな努力をしています。ただ、どれだけ制度を整え、周囲が手厚くサポートしよう

育児休業取得率の推移

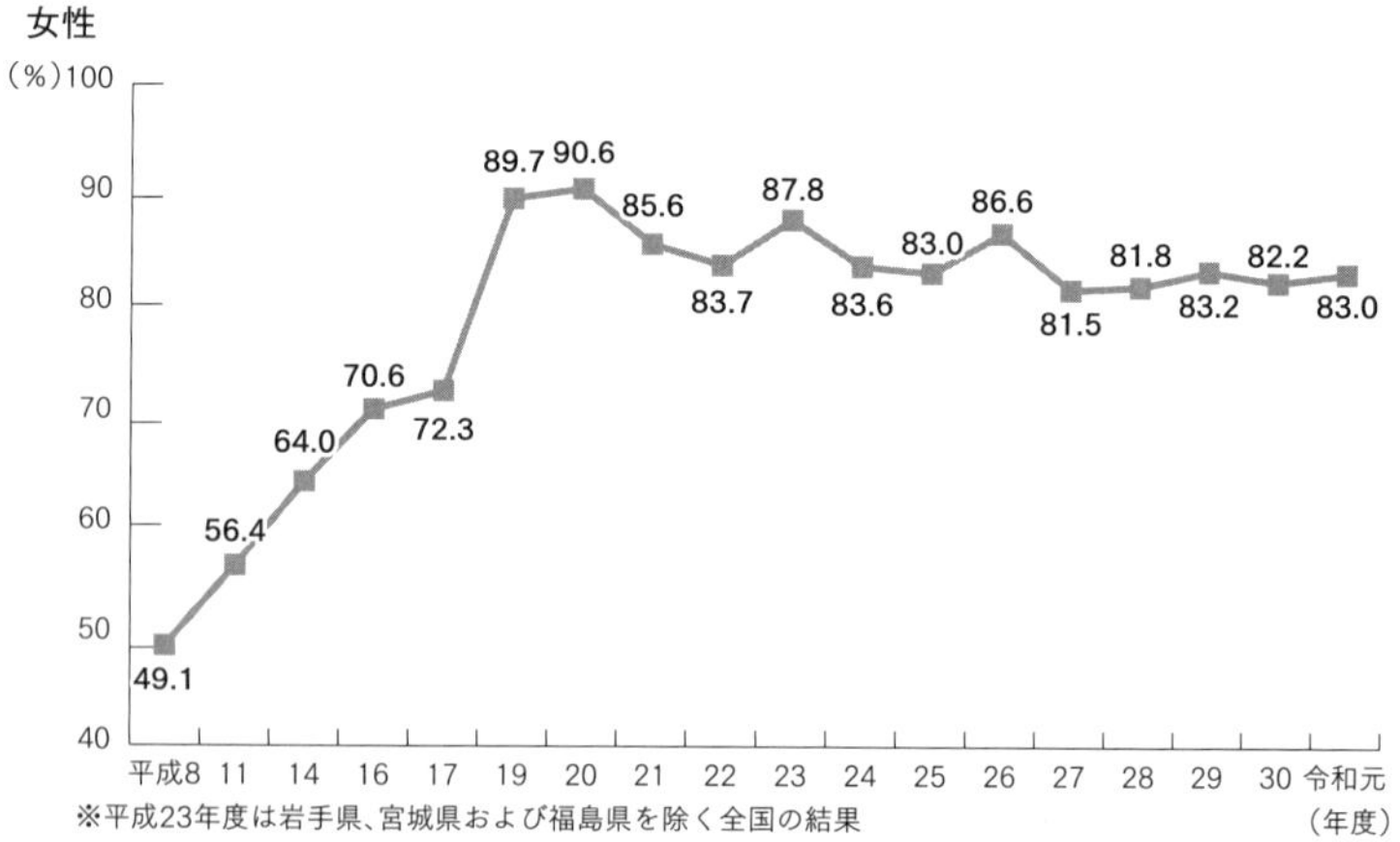

※平成23年度は岩手県、宮城県および福島県を除く全国の結果

出典：厚生労働省「令和元年度雇用均等基本調査」

という気持ちでいても、肝心なのは子育てをしながら働く本人の覚悟です。

25年前までは、育児休業を取得して職場に復帰し、子育てをしながら働くのは全体の半数以下でした。

しかし、近年、育児休業を取得する人が大幅に増えるにしたがって、復職者のなかには子育て中という立場に甘え、周囲への配慮を欠き、職場の不安の種となるタイプの社員も出てきています。

育児休業に入る前に、どれだけ周囲の信頼を得ているのか。育児休業から復帰したときに、どのように振る舞うのかといったことは、復帰後の働きやすさに関わってくるでしょう。

場合によっては、子育て支援だけでなく、入社時から長いスパンでキャリア教育をする必要も出てくるかもしれません。

本人の覚悟と、周囲の環境が車の両輪のようにそろって初めて、自分の会社が子育てをしながら働きやすい職場となるのだといえます。

第3章

企業イメージが向上し、社員が幸せになる企業主導型保育

「企業主導型保育」とは

まずは、「企業主導型保育」とはどのようなものかについて見ていきましょう。

企業主導型の保育園は、文字どおり、企業が主導してつくる保育園です。これを助成するのが企業主導型保育事業で、内閣府が２０１６年度に開始しました。

助成の対象となるのは、次のような保育施設です。

・会社が従業員の働き方に合わせて柔軟な保育サービスを提供することを目的としたもの
・地域の企業が共同で設置したり利用したりするもの

この事業がスタートした背景には、待機児童の問題がありました。

待機児童問題を解消するためには、保育の受け皿の確保が不可欠です。しかし、いずれは子どもの数が減っていくことが分かっているという状況において、新たに規模の大きな保育園を増やしていくという決断は、各自治体にとってなかなか難しいものです。なぜなら、いずれ保育園が余ることが目に見えているからです。

また、仮に新たに保育園をつくることにしたとしても、土地の確保には相当な苦労が予想されます。保育園からの騒音を心配する近隣住民によって、設立に反対の声が上がることも少なくないため、保育園の設立にすべての住民から理解を得ることは困難を極めるからです。

そういった事情から、国は地域型保育事業として、大きな園舎などを必要としない小規模保育や家庭的保育などに注力してきました。

そして今、国が期待している保育の一つが、この企業主導型保育なのです。

さまざまな業界で導入されている企業主導型保育

企業主導型保育は、実にさまざまな業種で導入されています。

小売、医療、福祉、教育、美容などの女性の多い業種はもちろん、建設、金融、製造などでも導入され、さまざまな効果を出しています。

保育園をつくる目的として、従業員の福利厚生を第一の目的とし、保育施設の運営に収益は求めないという会社もあれば、自社が運営する学校に保育士を目指す生徒が多くいることから、保育のノウハウを蓄積したり、実習先として活用したりする目的をもって設立する会社もあります。

設置場所については、自社の敷地内につくって目が届きやすくしようとする会社もあれば、送り迎えの利便性を重視して、社員寮の一室を改築して設置する会社もあります。

保育内容についても、会社の特色を活かした工夫を見ることができます。

例えば、食品メーカーが食育に力を入れたり、福祉施設を運営している会社が、保育園と介護施設との交流の機会を設けたりというケースがあります。

また、これまでに病児保育がなかったエリアで病児保育を開始したことで、地域から感謝されているという例もあります。

実際に開園してみると、育児休業から年度途中で復職できる社員が増えたり、人材募集の際に保育施設があることを理由に応募してくる人がいたりして、手応えを感じている会社も多いようです。

助成が開始されて以来、2020年度までで1万2198施設が助成を受けています。

保育園の設立には、手間もかかればお金もかかります。それにもかかわらず、なぜこれほど多くの会社が保育園をつくるようになったのでしょう。

企業主導型保育事業が中小企業の保育園設置のハードルを下げた

かつては自社で保育園を設置できるのはごく限られた大企業だけでした。しかし、国による企業主導型保育事業が始まったことで、企業が保育園をつくることへのハードルがかなり低くなったのです。

企業主導型保育事業の三つの特徴を見ながら、その理由を探っていきましょう。

一つ目は保育施設の整備費や運営費について、認可施設と同じレベルの助成を受けられるということです。この助成により、自社の負担を最小限にして、保育園を設立することが可能になりました。

二つ目は、複数の企業が共同で設置したり、共同で利用したりできるということです。自社で保育園を設立して運営するということは、社員数が多く、企業としての体力のある大企業でなければ難しいことでした。というのも、中小企業の場合は、そもそも社員数が大企業に比べて少ないため、保育の必要のある子どもの数が少なく、常に保育のニーズがあるとも限らないからです。いつ不要になるのかも分からないのに、高額の整備費や運営費をかけてまで、自社で保育園をつくろうという会社はなかなかありません。

しかし、企業主導型保育では、自社で利用する人数が少なかったとしても、複数の企業が共同で設置したり運営したりすることができます。企業間で定員を分け合うこともでき、園をつくったものの子どもが集まらないというリスクを減らすことができます。

三つ目は、地域の子どもを受け入れる地域枠を柔軟に設けられるということです。総定員の50％以下という条件を満たせば、地域枠を自由に設定できます。

従業員枠だけでは子どもの人数が少なかったとしても、地域の子どもたちを受け入れることで、経営が安定するうえ、地域貢献にもなります。

以上のような理由から、近年、中小企業が企業主導型保育に参入する割合も多くなっています。

国も中小企業の利用を促進させようと、２０１８年度以降、年間の施設運営費の企業自

設置企業規模（2019年度）

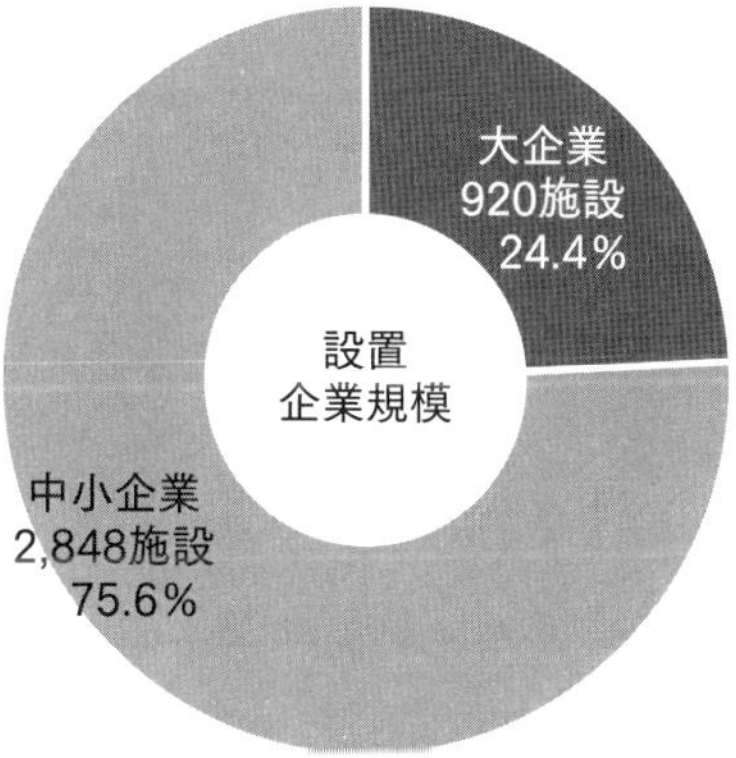

出典：児童育成協会「企業主導型保育事業」

己負担分について、中小企業については５％から３％に軽減されるという措置を取っています。地域ごとに中小企業向けの説明会や相談会も開催されています。

また、共同利用・共同設置のために施設整備をする際には、連携費用として整備費に１００万円が加算されます。

２０１９年度の数字では、企業主導型保育を設置した企業のうち、７割以上を中小企業が占めており、そのうち小規模事業者は２割を超えています。

大企業だけでなく、中小企業も積極的に参入する企業主導型保育には、どのような魅力があるのでしょうか。

まずは、保護者の目に映る企業主導型保育の魅力を見ていきましょう。

企業主導型保育の魅力①
働き方に合わせた柔軟な保育サービス

企業主導型保育の魅力は、なんといっても、企業が自社の従業員の働き方に合わせた柔軟な保育サービスを提供できるということです。

いちばん分かりやすいのは、子どもを預かる時間帯や曜日についてでしょう。

サービス業や看護職・介護職では、勤務がシフト制で、早番や遅番といった勤務時間の設定があり、土曜・日曜や祝日も出社する必要があるケースが多くあります。

そういった場合、特に夜間や日曜の保育ニーズについては、認可保育園ではなかなか対応できません。

しかし、企業主導型保育であれば、通常よりも遅い時間までの延長保育や、夜間保育、日曜・祝日の休日保育などを、自社の勤務体系に合わせて設定することができます。そうすることで、子育てをしながら働く人が、子どもの預け先を心配せずに働くことができます。

また、待機児童が多い地域の場合、パートタイムという働き方だと認可保育園に預けることへのハードルが高くなります。

なぜなら、自治体が保育の必要性を判断する材料としている点数が低くなりがちだからです。

認可に預けられないなら認可外の保育園へ預けようと考えても、認可外の保育園は認可保育園に比べて保育料が高く設定されていることが多く、せっかく稼いだ給料のほとんどが保育料に消えてしまうということにもなりかねません。

しかし、この企業主導型保育であれば、地域の認可保育園と同等の保育料で利用できます。また、１日４～５時間や週２～３回などの短時間保育などにも柔軟に対応できるように、保育時間を設定することもできます。

保育園に子どもを預けることができたとしても、働くお母さんたちを悩ませるのが、子どもの急な体調不良です。大事な仕事のある日や忙しい時期に限って、急な発熱などで保育園に呼び出されたりするものです。

これについては、体調を崩した子どもを預かる「病児保育」を行うことにすれば、その設備を整えるために必要な費用の助成が受けられます。助成を利用して、会社の負担は最小限にしつつ、従業員にとって大いに役に立つ保育サービスを提供することができるのです。

企業主導型保育の魅力②
すぐに駆けつけられる距離感による新たな保育の形

企業主導型保育では、職場の敷地内であったり、社宅の一室などを改装したりして保育園とするケースが多く見られます。何かあったときに、すぐに駆けつけられる距離にいるということはお母さんたちにとって大きなメリットになっているようです。

お子さんが体調を崩したときなどはもちろん、災害時にすぐに迎えに行けるということは、親にとっても子どもにとっても、大きな安心感につながりますが、それだけではありません。

保育園が職場の敷地内にある場合などは、勤務の合間に授乳をするということも可能になります。これは母乳育児をしていきたいと考えているお母さんにとっては、大きなメリットであるといえるでしょう。

働きながら子育てをするお母さんたちのなかには、本当は母乳育児を続けたかったけれど、保育園の都合で諦めたという人もいます。仕事の合間に授乳が続けられれば、保育園への入園に合わせて大人の都合で卒乳を急ぐ必要がないため、赤ちゃんも母親もつらい思いをしなくて済みます。

企業主導型の保育園では、会社と保育園が近接しているというメリットを活かして、さまざまな工夫をしています。なかには、昼休みに子どもたちと一緒に給食を食べられるという園もあります。

朝、子どもを預けたら、夜に迎えに行くまでまったく会えないというのが、今までの保育の常識でした。しかし、企業主導型の保育は、工夫次第で母子の触れ合いを増やすことができます。

これらは会社と保育園が近接しているからこそ可能になることだといえます。

企業主導型保育の魅力③
入園までのプロセスの簡潔さ

企業主導型保育の位置付けとしては、次の図にあるように「認可外保育施設」に属します。

「認可外」というとマイナスのイメージをもたれがちですが、実際には認可外だからこそのメリットもたくさんあります。

働く女性にとってのメリットは、なんといっても入園までのプロセスが簡潔であるということです。

もし、認可保育園へ4月に入園しようとするなら、11月頃に応募し、結果が出るのを2月まで待たなければなりません。2月の時点で保育園に入れないということになった場合、慌ててほかを探すことになります。本人は職場へ復帰する意思があっても、結果によっては予定どおりの時期での復職を諦めなければならないこともあります。会社側としても、復職を予定していた人が戻れないとなると、人員配置の調整に追われることになりかねません。

保育施設の分類

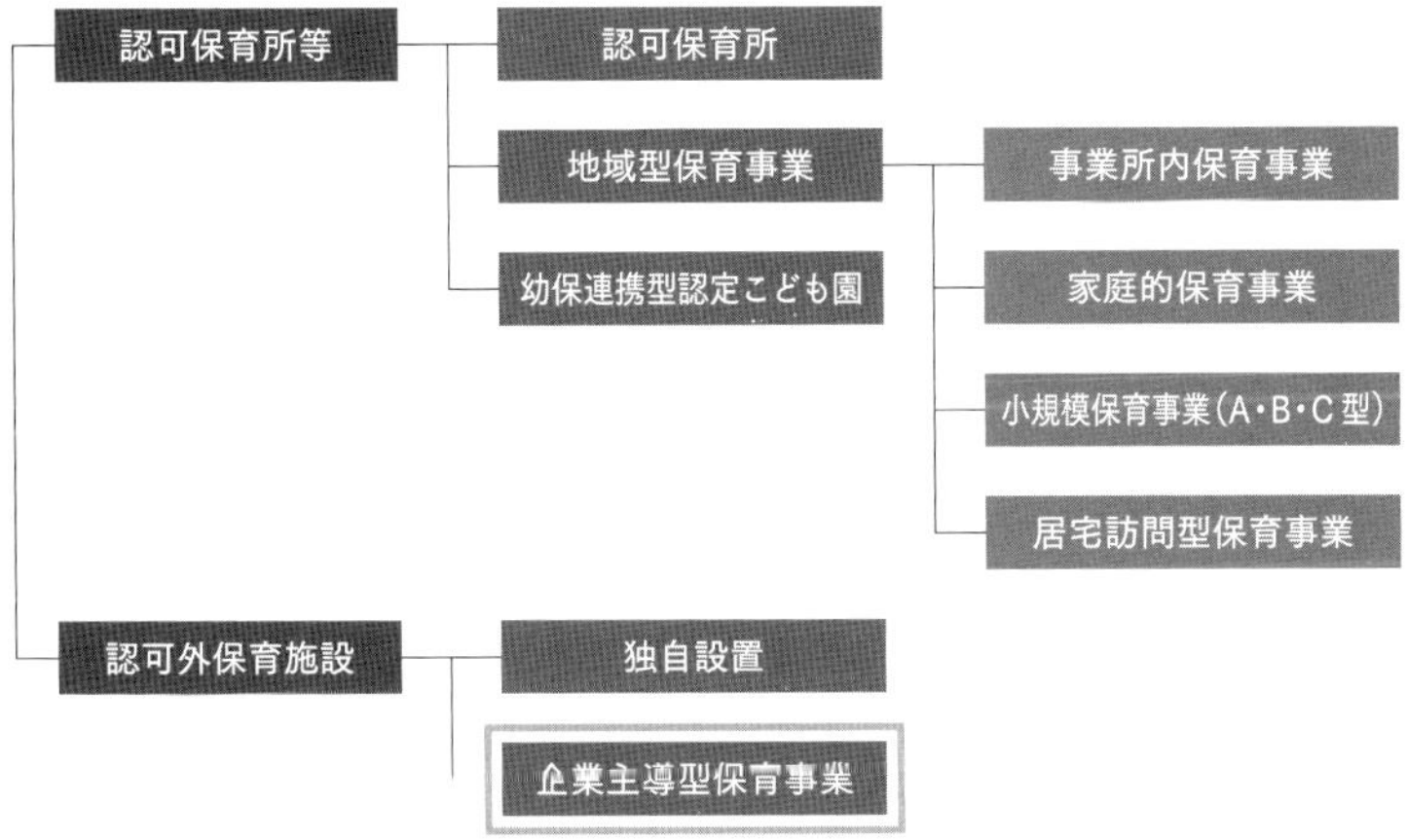

出典：東京都福祉保健局

これに対して、企業主導型保育では、定員に空きがあり、企業から協定書を得られれば、時期を問わずに入園することができます。場合によっては、問い合わせてから数日で入園することも可能です。

そのため、認可保育園に子どもを預ける場合に比べて、職場に戻りたいタイミングで復帰しやすいといえます。子どもとの時間を大切にするために育児休業を目いっぱい取りたいという人にも、キャリアが途切れる期間をできるだけ短くして復帰したいという人にも、対応しやすいといえるでしょう。第1章で紹介したような、「職場に復帰したいタイミングで預ける先が見つからない」という問題が解決できるのです。

企業主導型保育の魅力④ 実質ゼロ円も可能!? 手頃な保育料

認可外のため、保育料を自社で決められるというメリットもあります。近隣の認可保育園と同等の保育料を設定することもできますし、従業員枠については、実質ゼロ円にすることも可能です。

認可保育園の場合、保育料は自治体が定め、世帯収入によって金額が変動するしくみを取っています。そのため、収入が多い家庭は保育料が高額になる場合があります。

また、認可外保育園であれば、もともと認可保育園よりも保育料が高く設定されていることがほとんどです。

これに対して、企業主導型保育では、国の示す保育料の基準はありますが、妥当な理由があれば、保育料を自社で設定することが認められています。福利厚生の一環として、会社が保育料を負担することもできます。

これによって、「お金が必要だから働くのに、給料が保育料に消えていく」などという悩みを解消することができます。

企業主導型保育の魅力⑤
認可保育園と同等の保育環境

「認可外」とはいえ、企業主導型の保育園の環境が、認可保育園に劣るわけではありません。企業主導型保育では、公益財団法人児童育成協会から、整備費や運営費について補助金が出ています。

この助成を受けるためにはさまざまな基準を満たす必要があり、実際には認可保育園と同等の保育環境を備える必要があるのです。

細かい条件を見ていきましょう。

◎保育室

保育室に関する基準は、次に示すとおり、認可保育園と同様の数字です。そのため、認可保育園と同様の保育環境が保障されているということができます。

定員20人以上の場合
乳児室：ほふくしない子ども１人あたり１・６５㎡以上
ほふく室：ほふくする子ども１人あたり３・３㎡以上
保育室：２歳以上児１人あたり１・９８㎡以上

定員19人以下の場合
乳児室：ほふくしない子ども１人あたり３・３㎡以上
ほふく室：ほふくする子ども１人あたり３・３㎡以上
保育室：２歳以上児１人あたり１・９８㎡以上

　定員20人以上の場合、乳児室のほふくしない子ども１人あたりの面積は１・６５㎡が最低基準となっていますが、ほふくする子どもとほふくしない子どもの割合は成長に応じて随時変化する可能性があります。そのため、子ども１人あたり３・３㎡以上確保できていると、柔軟な受け入れができます。

◎屋外遊技場

屋外遊技場とは、「園庭」のことで、２歳以上児１人あたり３・３㎡が必要です。同一敷地内への設置が望ましいとされますが、公園や広場、寺社境内などによる代替園庭が認められており、広い土地の確保が難しい場所でも保育園を設置することができます。敷地内に園庭がなくても、園児たちが安全に移動できる距離に公園などがあれば、交通アクセスのよい場所や大型商業施設のテナントといった利便性の高い場所に保育園をつくることも可能になります。

学校法人の設立した企業主導型の保育園では、自校の運動設備を、空き時間に園児たちが利用しているという事例もあります。

◎医務室

定員が20人以上の場合に必須とされる設備です。定員が19人以下であっても、設置が望ましいとされています。

体調不良になった子どもが利用するスペースであることから、保育室からは隔離された部屋にする必要があります。面積は定められていませんが、体調を崩した子どもが横になって休めるように、子ども用のベッド・布団類が置ける広さが最低限必要となります。

専用の部屋を設けることが難しければ、事務室などの一角をカーテンやパーテーションなどで仕切ってスペースを確保することも認められています。

◎調理室

定員20人以上の保育施設の場合は、独立した調理室が必要です。

定員が19人以下の場合は、電子レンジや冷蔵庫などといった、食事を適切に提供するための加熱・保存が可能な調理設備が必要です。

加えて、定員にかかわらず調理員の配置が必要です。人数の規定はありませんが、参照すべき基準として、次のような人数が示されています。

保育所の定員	調理員の数
40人以下	１人
41人以上１５０人以下	２人
１５１人以上	３人（うち１人は非常勤）

乳幼児期の子どもたちにとって、食事は成長や発達に大きな影響を与える重要なものです。また、味覚や食習慣も形成される時期であるため、食育の視点を保育に盛り込むことも大切です。保護者とも連携を取りながら、アレルギーなどによる事故を防ぐ取り組みも欠かせません。

◎子ども用のトイレ

幼児１人～20人までにつき１つ以上、20人増えるごとに、さらにプラス１以上必要であるとされています。手を洗うための設備が設けられていることや、保育室・調理室と区画されていて、子どもたちが安全に使用でき、衛生的に管理されていることが必要です。

保育所の定員	便所（便器）の数
1～20人	1以上
21～40人	2以上
41～60人	3以上

※補助便座やおまるは不可とされます
※男児用便器はカウントしません

◎地域交流スペース

地域の子育て支援を行うことを目的として設置されるスペースです。保育施設のもつ専門性を活かして、子育てに関する相談を受けたり、地域の子育て関連情報を提供したり、子育てに関する講習会を行ったりすることが想定されています。

前記の設備に加えて、緊急の場合の避難に備え、出入り口は2カ所必要であるなどといった非常口やそのほかの非常災害時に必要な設備基準が定められています。

こういった基準が遵守されているかどうかの指導監査は、助成金を支給している児童育成協会および都道府県が行います。必要に応じて、立入検査や午睡時の抜き打ち検査が行われ、不適切な施設には改善が求められます。

企業主導型保育の魅力⑥
企業の特色を活かしたユニークな保育も

認可外であるために、保育内容に自由が利くというのも、企業主導型保育の魅力の一つです。工夫次第で、企業の特色を活かしたユニークな保育が可能になります。また、保護者からの要望や、時代の流れに合わせて、先進的な教育を取り入れることもできます。

また、保育従事者の配置基準を活用して、保育に多様性をもたせることもできます。

企業主導型保育の保育従事者の配置基準は次のように定められています。

年齢区分	配置基準
乳児	3人につき1人以上
満1歳以上満3歳に満たない幼児	6人につき1人以上
満3歳以上満4歳に満たない児童	20人につき1人以上
満4歳以上の児童	30人につき1人以上

右に示した年齢区分ごとに計算をし（小数点第二位を切り捨て）、それを合算した数に1を加えて、小数点以下を四捨五入します。その保育園の定員数にかかわらず、その2分の1以上が保育士であればよいという基準になっています。

そのため、例えば外国語の堪能な人に子育て支援員研修を受けさせ保育従事者として入ってもらい、外国語教育に力を入れた保育をするなどということも可能になります。最近では、外国語教育のほか、体操やリトミックなども保護者の間で人気があります。工夫次第で、その保育園ならではの内容を盛り込むことができるでしょう。

今後、子どもの数が減っていくなかで、保育園が余る時代がやってきます。そうなったときに、どれだけ保育園の特色を打ち出せるかは生き残りのポイントになるはずです。

企業主導型保育は認可外であるために、認可園に比べて保育の自由度が高いうえに、多様な人材が保育に関わることができるという意味で、大きな可能性があるといえるでしょう。

このように、企業主導型の保育園では、利用する保護者の悩みの多くを解決することができ、さらにはメリットも得られることが分かります。

それでは、企業にとってはどのような利点があるのでしょうか。

企業主導型保育のメリット①
女性社員の採用や定着を加速させる

企業主導型保育が子育て中の従業員にとって魅力的であることはもちろん、会社にとってもうれしい効果をもたらしてくれます。

まず大きいのは、女性の活躍が推進されるということです。

すでに述べたとおり、自社の働き方に合った保育園をもっていることで、子育てしながらでも無理なく働ける社員が増え、出産・育児によって優秀な人材が離職するのを防ぐことができます。その結果、育児休業後も復職するのが当たり前という文化ができ上がれば、将来的に優秀な人材が長く働ける会社になります。

例えば、医療や介護業界などで「小さい子どもがいるので夜勤ができない」といった理由で離職していた人も、自社の運営する保育園で夜間も預かってくれるとなれば、仕事を続けることができるようになります。

次に、保育園を備えているということが、人材の採用の場面でプラスになります。

女性が出産後も働くことを視野に入れて就職先を探し、業種や規模、社風などが似通った企業を候補として考えた場合、一方が保育所完備であれば、当然そちらの会社を強く志望するでしょう。

第1章でも述べたように、子育てしながら働くことに限界を感じた場合は、離職して家庭に入るよりも、働きやすい転職先を探すという人が増えてきています。そういった人の目には、保育所完備の会社は、特に魅力的に映るはずです。

実際に企業主導型の保育園を始めた会社のなかには、人材募集を行った際に、応募の動機として「保育所完備」という条件を挙げる人が増えているという実感を得ているところもあります。

これまでに述べたような企業にとっての直接的なメリットはもちろん、保育園を設立・運営することで、地域貢献をすることができます。地域密着型の会社であれば、これに伴う恩恵は大きいかもしれません。

企業主導型保育のメリット②
地域枠で地域に貢献もでき、定員割れのリスクも低い

企業主導型保育園は、「定員の2分の1までの範囲で地域枠の設定が可能」とされています。

この条件に沿って、地域に定員を開放することができるので、待機児童が多い地域であれば、地元の人々に感謝とともに受け入れられます。保育事業を通して地域に貢献していることで、結果的に企業イメージの向上にもつながるはずです。

● 企業主導型保育事業の設置イメージ

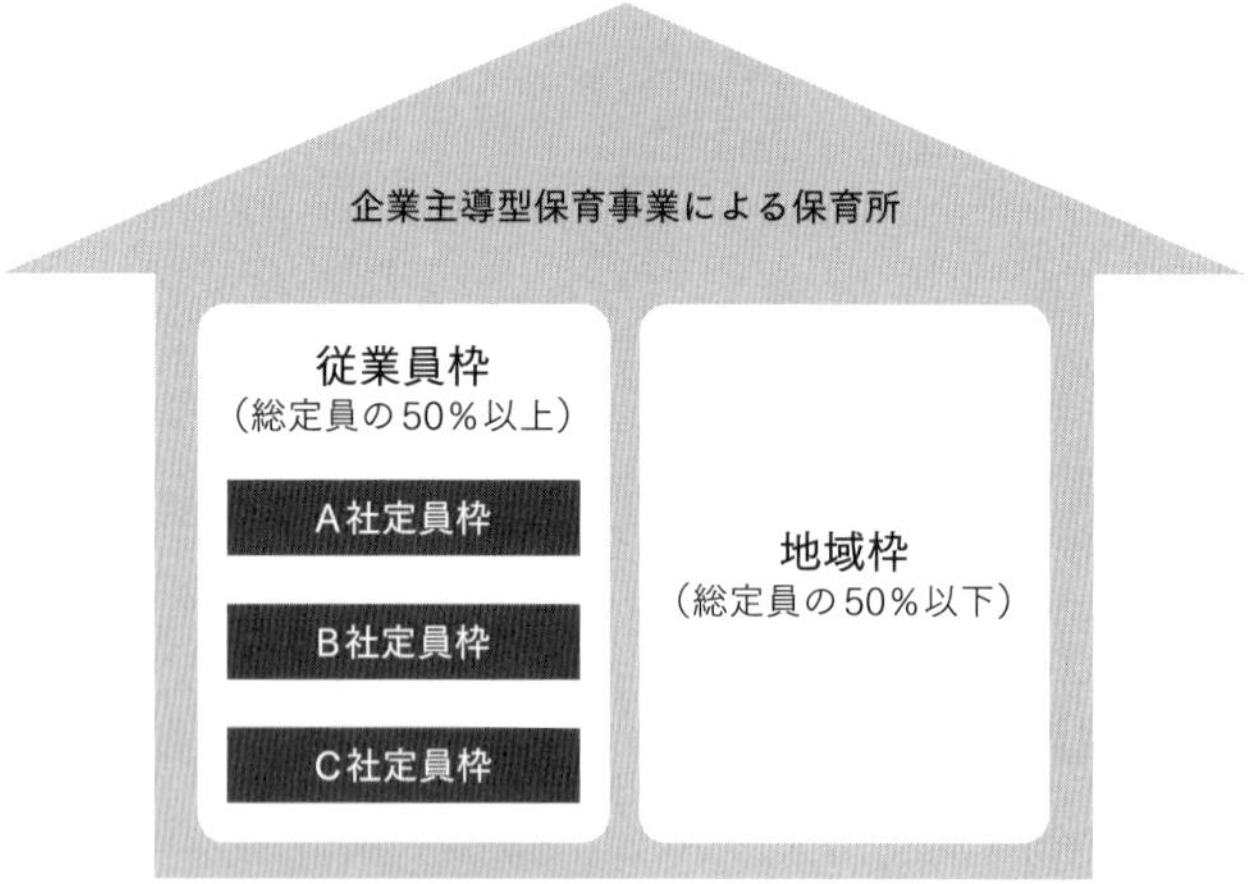

出典：児童育成協会「企業主導型保育事業運営ハンドブック」

もちろん、会社の方針に応じて定員の１００%を従業員枠にすることもできますが、地域枠をつくれば、従業員枠だけでは定員が埋まらないというリスクを回避することができます。

企業主導型保育のメリット③
助成金で企業の負担が少なく抑えられる

定められた条件をクリアし、協会への申請が通れば、企業主導型の保育園の設立や運営に関して、助成金を受けることができます。どれくらいの助成が得られるのか、具体的な数字を見ていきましょう。

助成金は整備費と運営費に分けられます。

まず、整備費に関しては、施設を整備するのに必要な費用の４分の３が助成されます。保育園としてまず必要なのは、子どもたちが過ごす部屋（乳児室、ほふく室、保育室）です。そのほかに、子ども用のトイレや、沐浴室、調理室、医務室、地域交流スペースを用意します。

敷地内に屋外遊技場を備える場合は、屋外遊技場の整備も行います。ただ、近隣に公園や広場、寺社境内などがあれば、屋外遊技場の代わりとすることができます。

例えば、定員が12人の保育園で、屋外遊技場を敷地内にもたないケースであれば、設置

整備費イメージ

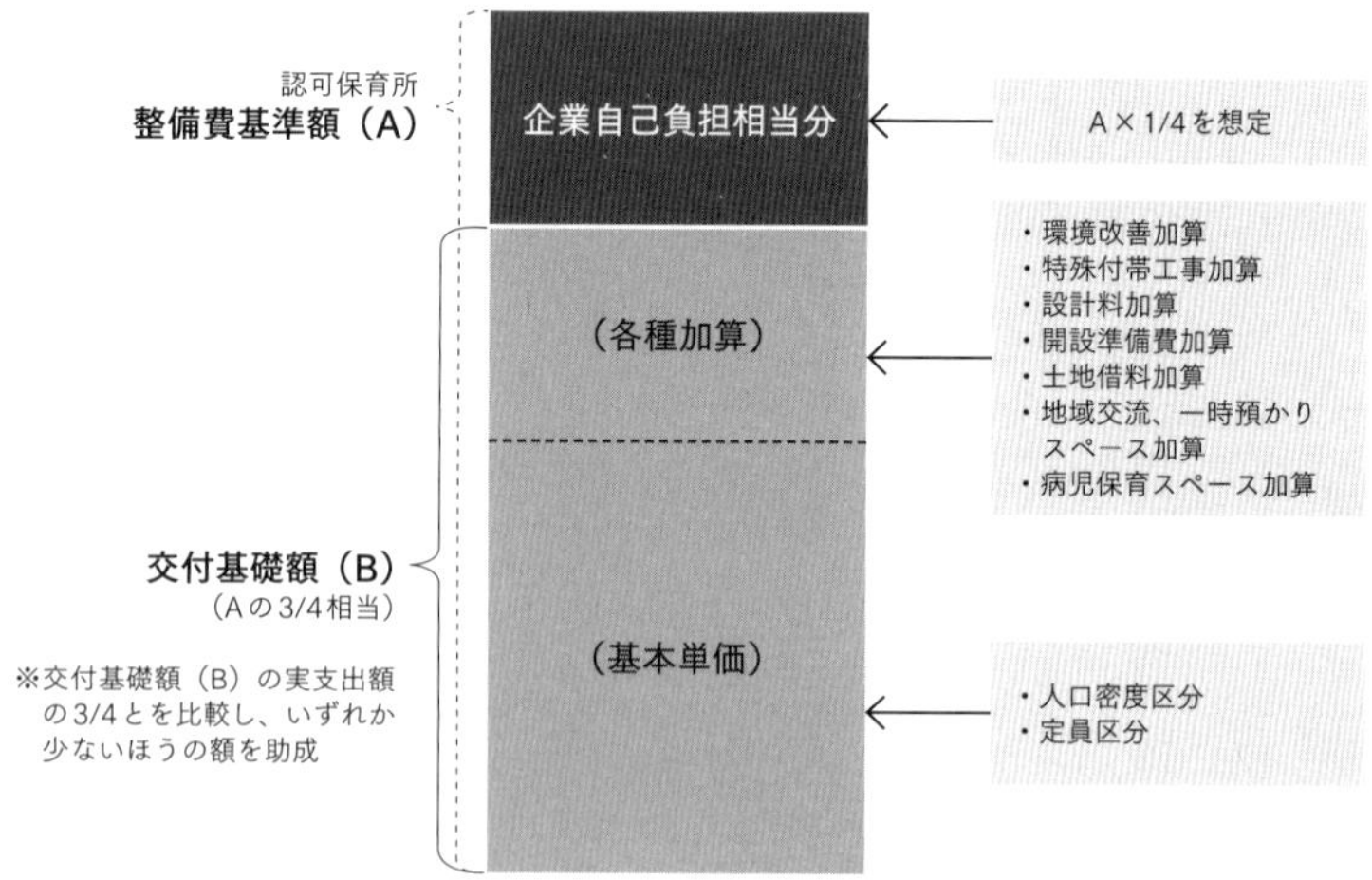

運営費イメージ

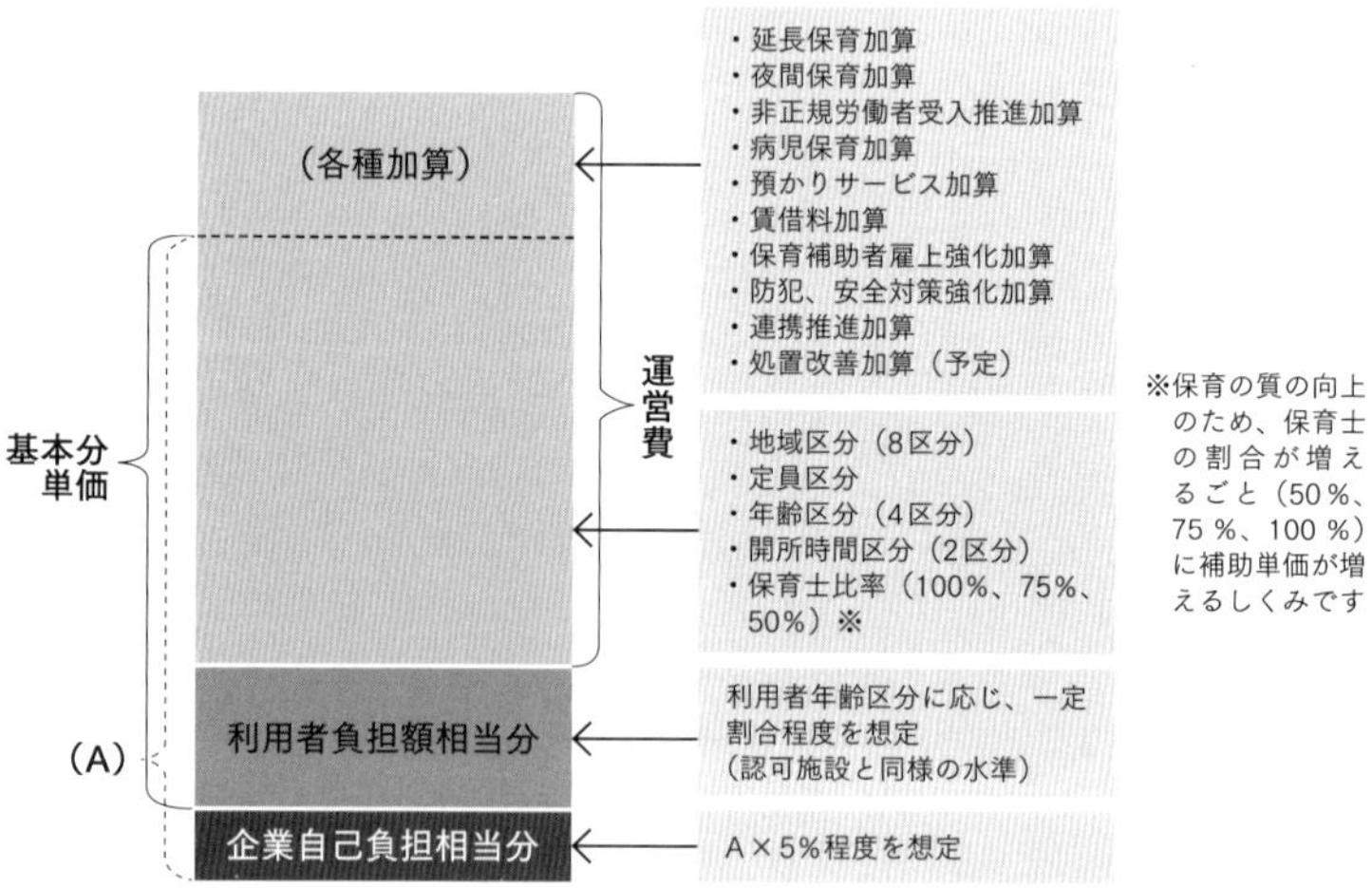

出典：内閣府「企業主導型保育事業パンフレット」

費はおよそ２０００万円になりますが、その４分の３が支給されるので、企業の負担は実質５００万円ということになります。

ただ、申請してからすぐに支給されるわけではないので、いったんは自社で全額を支払える余裕があることが必要です。

運営費に関しては、最大で全体運営費の95%、中小企業の場合は最大97%が助成されます。そのため、事業として利益を出すことも十分可能です。実際に、利益の期待できる新事業として、企業主導型保育を始める企業もあります。

企業主導型保育の事業者・利用者の条件

助成金はすべての事業者が受けられるわけではなく、前提となる条件があります。

それは「施設を設置する事業者が厚生年金の対象の業者である」ということです。

企業主導型保育の補助金の原資となっているのは「子ども・子育て拠出金」です。これは厚生年金に加入している事業者が、国へ納めているものです。そのため、助成金を受ける事業者は厚生年金に加入していることが絶対条件となります。

企業主導型保育は、保育の受け皿を新しく増やして労働力を確保しようとする事業です。そのため、すでに開業している認可外保育施設の場合、設置後2年を過ぎていると企業主導型への移行はできません。ただし、設置後2年が経過していたとしても、定員の空いている枠を企業主導型保育として申請することは可能です。

例えば、定員20人の保育施設において、現状では10人しか埋まっていないという場合、残りの10人分の定員を企業主導型保育として申請し、助成を受けることができます。ただし、この場合、10人しか埋まっていない実情を証明するのが難しいということがあります。

保育園の利用者側にも条件があります。

企業主導型保育には「従業員枠」と「地域枠」がありますが、従業員枠を利用できるのは、利用契約を結んでいる企業の従業員です。この場合、保育所を設置した事業者だけでなく、利用契約を結ぶ企業も、厚生年金に加入している必要があります。

厚生年金に加入していなければ、企業主導型の保育園に従業員枠で入る権利は得られず、地域枠を利用することになります。

また、自分が勤めている会社が厚生年金に加入していても、保育施設と契約を結んでいなければ、地域枠での利用になります。

地域枠を利用するには、その子どものすべての保護者が働いているか、妊娠・出産などで子どもの保育ができない状態であると市町村か児童育成協会に認められなければなりません。両親の就労証明書の提出も必要になります。

企業主導型保育の導入までの流れ

それでは、実際に企業主導型保育を始める際の流れを見ていきましょう。

◎市場調査

まずは市場調査から始めます。

今は自社の社員に保育園を利用する年齢の子どもがいるとしても、将来も同じ状況が続くとは限りません。地域枠を設けることを考えるなら、現時点で、その地域に待機児童がいるかどうかを見極めなければなりません。

よくありがちな失敗は、「世の中で待機児童が問題になっているから、自社で持っている物件を利用して保育園でもつくってみよう」という発想からスタートする場合です。保育園として使えるだけの広さのある物件があったとしても、そこに保育の需要がなければ定員が埋まらず、事業としては成り立ちません。

保育園をつくることを検討する段階で、近隣の状況をよくリサーチしたうえで、園児が集まる立地かどうかを判断しましょう。

◎自社のみで設立するのか、複数の企業で設立するのかを決める

企業主導型保育では、自社のみで設立することもできれば、近隣の複数の企業が集まって設立することもできます。実際に複数の企業で設立したり、利用契約を結んで、定員を分け合ったりしているケースも多くあります。

保育施設の設置パターンには次の四つの形があります。

種類	定義	特色
単独設置・単独利用	企業が単独で設置し、単独で利用する	設置した企業のニーズに柔軟に対応することができる
単独設置・共同利用	企業が単独で設置し、共同で利用する	利用者を確保しやすい
共同設置・共同利用	企業が共同で設置し、共同で利用する	企業自己負担分について、共同で負担できる。利用者を確保しやすい
保育事業者設置型	保育事業者が設置した施設を、一つまたは複数の企業が利用する	保育に関する専門的知見を有する事業者を活用できる

保育施設の設立に至る背景は、それぞれの企業によってさまざまです。

人材確保の観点から子育て中の社員が長く働けるようにという目的もあれば、地域に根ざした会社が地域貢献の観点から設立する場合もあります。また、保育に関連する事業を行っている会社であれば、自社の保育事業の展開であったり、ノウハウの獲得なども目的になったりすることがあります。

いずれにせよ、自社が保育園を設置する目的をはっきりさせておく必要があります。

そのうえで、保育施設の設置方式はどのような形を取るのかを検討しましょう。

単独で設置し、単独で利用するという形を取れば、自社のニーズに合わせて柔軟に対応しやすくなります。しかし、自社の従業員の子どもの数が減った場合、定員に空きが多く出てしまうリスクがあります。

そのリスクをカバーするために、ほかの会社の従業員の子どもを受け入れる「共同利用」という形を取ることもできます。企業主導型保育事業では、総定員の50％以上にあたる従業員枠を複数の会社で分け合うことができます。

共同利用をする会社は、グループ企業同士であったり、同じ地域にある会社同士であったりと、さまざまなケースがあります。地域枠の利用者として入園してきた子どもの保護者の勤め先に共同利用を提案したり、支援機関のマッチング会で探したりといったやり方もあります。

また、設置する際の費用の負担が重いようであれば、単独で設置するのではなく、共同設置という形を取ることもできます。そうすれば、設置の際の企業の自己負担分を分け合

● 設置パターンの割合（2019年度）

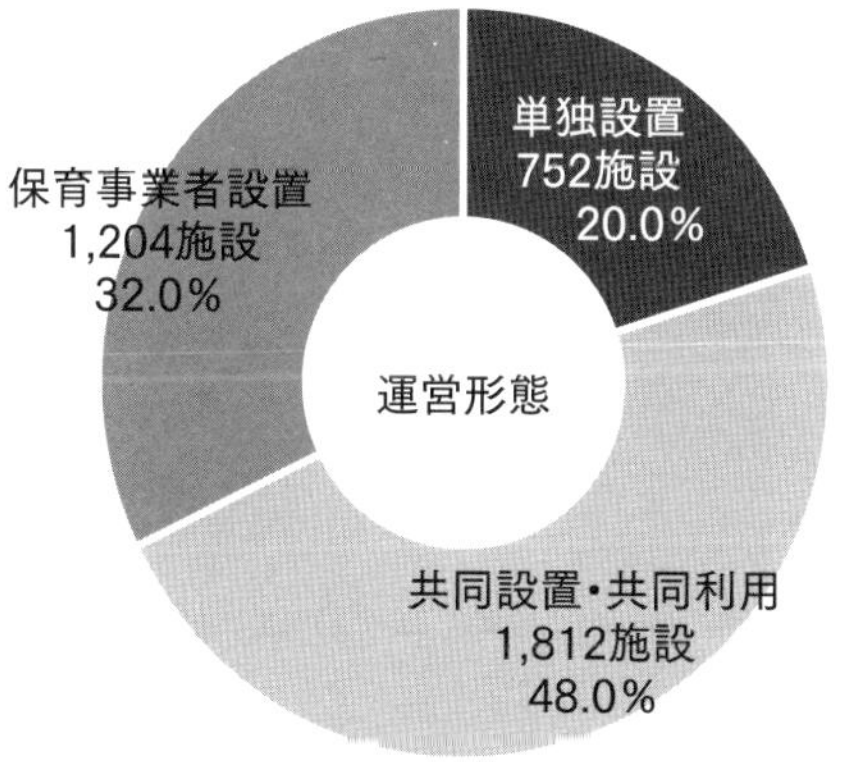

出典：児童育成協会「企業主導型保育事業」

えるので、おのおのの企業の負担額は減ります。２０１９年の時点では、共同設置・共同利用という形を取る会社が約半数を占めています。

保育園をつくることに関して、自社に保育のノウハウがまったくないことが不安だという場合は、保育事業者が設置するという形を取ることができます。２０１９年度の数字では、企業主導型の保育園のうち、約３割が保育事業者によって設置されています。

保育園をつくるためのノウハウには特有のものがあることはもちろん、助成金の申請などの手続きも煩雑さを伴います。それらを保育事業者に任せることで、設立までの流れがスムーズになるでしょう。

いずれの形を取るにせよ、まずは自社の保育園設立の目的と照らし合わせて、最適な形を選ぶことが大切です。

複数の企業で設置したり共同で利用したりするケースでも、企業同士でよく話し合ってルールをきちんと定めておけば、特に問題なく進む場合がほとんどなので心配はいりません。

◎運営方式を決める

設立後の運営に関しても、自社で運営するのか、それとも外部に委託するのかを検討しましょう。

自社で運営すれば、運営コストは相対的に少なく済む傾向があります。また、自社の意向を反映しやすいというメリットもあります。運営にかかるコストを抑えたい、自社の方針を共有しながら運営したい、あるいは保育を自社の事業として展開していきたいと考えている会社は、自社で運営することを選ぶ場合が多いようです。

外部に委託すれば、その分コストはかかりますが、保育事業者がもっている専門性やノウハウを活用できるという利点があります。また、保育園を運営するうえで必要な事務の作業量を最小限に抑えることができます。安心・安全を第一に考える会社は、外部に委託するという方法を取るケースが多いようです。

保育士などの人材確保を自社で行うことができるのか、保育園を運営するための専門知識やマンパワーがあるのかなどを考え合わせたうえで判断しましょう。

よくありがちな失敗は、保育園の設備を整え、保育士をそろえて開園準備をするところまでは力を入れて行ったものの、保育園の運営を現場の保育士に丸投げしてしまうというケースです。

保育士は保育の専門的な知識はもっていますが、保育園経営のプロではありません。経験のある保育士ほど、運営に関する業務について「これは保育士の仕事ではない」という線引きが明確です。

自社で運営する場合、そのあたりの認識がずれていると、ある日突然、保育士さんが大量に退職してしまって途方に暮れるという事態が起こりかねません。

もし、自分の会社は保育については門外漢なので、運営に関して不安を感じるというのなら、保育事業者に運営を外部委託することも選択肢に入れましょう。保育事業を専門としている会社であれば、運営のノウハウはもちろん、何かトラブルが起きたときの対処法も心得ています。また、保育士に欠員が出た際など、系列の園の保育士にヘルプに入ってもらうなど、横のつながりを活かして、柔軟に対応できることもあります。

保育は大切な命を預かる仕事です。何か起こってからでは取り返しのつかないこともあります。せっかく保育園を設立するのであれば、自社の従業員が安心して保育園に子どもを預けて働けるように、最善の選択をしたいものです。

◎何歳まで預かるのか

認可保育に分類される地域型保育事業では、制度上の対象年齢が0〜2歳でした。待機児童が多いのが0〜2歳だったため、小規模保育事業や家庭的保育事業、事業所内保育事業などは、その年齢の子どもたちの受け皿として整備されてきたからです。3歳以上は連携している園に優先的に入園することができるというしくみになってはいますが、連携園を見つけることが運営者にとっては課題でもあります。

それに対し、企業主導型保育園の対象年齢は0〜5歳となっています。0〜2歳を対象とした保育園をつくる会社もあれば、3歳以上の子どもを受け入れる園をつくる会社もあります。

受け入れる年齢を幅広くしておけば、子どもたちは慣れている保育園で引き続き保育を受けることができ、精神的にも安定します。慣れ親しんだ園や信頼関係で結ばれた先生たちとお別れをして、新たな場所でまたゼロから始めるというのは、子どもにとっても保護者にとっても大きな負担になるからです。

そのため、自社の従業員の子育てにかかる負担を軽減させるという目的で保育園をつくるのなら、0～5歳までを受け入れることが理想です。ただし、年齢に幅をもたせることで、欠員が出やすいというリスクがあることは知っておきましょう。

病院で働く医師や看護師のために病院の敷地内や近隣に保育園をつくる「院内保育」では、学童保育を併設して小学生まで預かるケースもあります。そうすることで、「小1の壁」をクリアできるからです。

保育園では、延長保育で20時まで預かってもらっていたのに、小学生になって学童保育を利用したとしても、保育園ほど遅くまでは預かってもらえず、従来のように働けなくなってしまうというのが「小1の壁」です。

しかし、保育園に学童保育を併設して、小学校に上がっても保育園と同じ時間まで預かれば、離職することなく、働き続けることができます。

ただ保育園をつくればよいというのではなく、何のために保育事業をするのかを見失わないようにし、現場の困り事を解決できるように保育環境を整備していくことで、「優秀な人材に長く働いてもらう」という本来の目的が達成されることになります。

◎物件探し

保育園に利用できそうな土地や建物を所有していなければ、物件を探します。

保育園の設置場所としては、自社の建物内や敷地内、社宅の近くなどの従業員が多く居住しているエリア、駅前などの交通アクセスのよい場所、複合商業施設などの利便性の高い場所など、さまざまな場所が候補になります。保育園を利用する側の利便性と、どこまで予算を割けるかという企業側の事情の折り合いがつくところで決めることになります。

新たに物件を探す場合、立地としておすすめなのは、オフィス街や商店街のなかの物件です。

というのも、保育園をつくるにあたっては、近隣住民の同意を得ることが必要になるからです。保育園は騒音を出す施設だと考える近隣住民から反対されて、保育園の設立が頓挫してしまったというニュースを目にした人もいるでしょう。住宅街につくろうとしたとき、近隣住民全員の同意を取り付けるのは容易ではありません。

しかし、オフィス街や商店街であれば、そのハードルを下げることができるのです。特に、商店街であれば、保育園ができることによって商店街に人の流れが生まれるからと、むしろ歓迎されることもあります。

オフィス街に保育園をつくるのであれば、社員が通勤してくる際の状況も考慮に入れなければなりません。都心のオフィス街などであれば、通勤ラッシュのなかを子連れで出社しなければならない可能性も十分にあり得ます。その場合は、親にも子どもにも相当な負担を強いることになります。保育園をつくることを単体で考えるのではなく、時差出勤を可能にするなど、会社の制度の整備も同時に考えるとよいでしょう。

物件を探すときの大まかな基準としては、次の４点を念頭におきましょう。

○広さが65～１００㎡

企業主導型保育の場合、定員を12人に設定したときが、最も利益率が高くなります。定員12人を基準にすると、物件の広さは子どもたちが過ごす場となる保育室などの面積だけで、39・６㎡必要になります。そのほか、トイレや調理室などの必要な設備を整えることを考えると、65～１００㎡を目安に探すとよいでしょう。

○出入り口が二方向にある

非常時に避難する場合などを想定して、出入り口が二方向にある物件を探します。

○耐震基準を満たしている

建物自体が耐震基準を満たしていることも必要です。耐震基準に限らず、候補としている物件が保育施設に適しているか、建築士などの専門家の助けを借りながら進めるとスムーズです。その場合、過去に保育施設を手掛けた実績のある人に依頼すると、保育施設特有の事情を踏まえた適切な助言が得られるでしょう。

○敷地内に屋外競技場を設けられる広さがない場合、近隣に公園や寺社の境内などがあるか

本来なら、敷地内に屋外競技場があることが理想ですが、都市部ではなかなか土地の確保が難しいものです。徒歩で安全に行ける距離に、公園や寺社など、屋外競技場の代わりとなる場所があるかどうかも確認しておきましょう。

以上のほかに、理想的なのは1階の物件です。2階以上で、階段を使わなければならない場合、保護者の負担が大きくなります。大人が一人で上る分には大したことのない階段でも、小さな子どもを連れていると大変な負担になります。

子連れでの移動は、ただでさえ大荷物になることに加えて、保育園にお昼寝用の布団を持っていかなければならないというケースもあります。できれば1階の物件で、2階以上になってしまう場合は、エレベーターのある物件を選ぶようにしましょう。

◎補助金の申請を行う

補助金の申請は企業主導型保育事業ポータル（児童育成協会ホームページ）から行います。サイト上でIDとパスワードを設定して登録するところから始まり、すべての手続きはオンライン上で完結します。

かつて、保育施設をつくるためには7〜8年かかるといわれました。それに対し、企業主導型保育は手続きをオンラインで完結するようにして省力化したことにより、設立までの期間が短縮でき、早ければ半年ほど、長くても1年くらいでスタートさせることができます。

サイト上の説明にしたがって各枠に必要事項を入力していきますが、建物の平面図などの必要な書類は、すべてＰＤＦファイルにしてデータをアップロードします。

用意しなければならない書類が多岐にわたるうえ、パソコンの操作に慣れていない場合は、必要以上に手間のかかる作業になるので覚悟が必要です。

申請に必要となる主な書類には次のようなものがあります。

○児童福祉法第59条の2第1項に基づき都道府県に届出た書類の写し

認可外保育施設設置届のことで、都道府県のホームページから書式をダウンロードして知事に提出したものです。都道府県の受領印が押してある表紙も必要となります。

○保育施設の平面図（保育室、そのほかの部屋別面積）

企業主導型保育ポータルサイトの「申請用サンプル図面」の様式に沿って、一級建築士が作成した平面図です。

○保育従事者の保有する資格等が確認できる書類

保育園で働く予定の人の「保育士証」や「子育て支援員研修修了証」が必要になります。開所前である等の理由で提出できない場合は、そろい次第、速やかに提出しなければなりません。

○厚生年金保険料領収書

補助金を申請するためには、厚生年金への加入が必須です。日本年金機構から毎月企業宛に送られてくる「保険料納入告知額・領収済額通知書」が必要になります。

○共同利用契約書

複数の企業の社員が保育所を共同で利用する場合、共同利用の契約を取り交わすことになります。相手企業との共同利用契約書をアップロードします。

これらのほかに、賠償責任保険および傷害保険などに加入していることを示す書類や、厚生年金保険料領収書、建物賃貸借契約書などが必要になります。

申請に関する注意点としては、申請から許可が下りるまでの期間が読めないということがあります。

応募の締め切りは年度ごとに設定されているものの、いつまでに返答が得られるかは特に決められていません。そのため、申請が下りて補助金が入るまでの運営費等は、自己資金でまかなわなければなりません。最低でも5～6カ月は自己資金で回せる程度の余裕をもっておきましょう。

◎開設に向けた準備

申請の結果を待ちながら、開設に向けた準備を進めていきます。開設にあたっては、次のような準備が必要になります。

○保育施設の整備

保育園を運営していくうえで必要な設備を整え、備品をそろえます。

保育園として最低限必要な設備は、子ども用のトイレ、調理室、沐浴室です。そのほか、必要に応じて保育に必要な備品をそろえていきましょう。

保育園の内装については、奇抜な色使いやデザインにするよりも、白をベースにしたシンプルなもので統一するほうが、子どもたちは落ちついて過ごすことができます。

床や壁紙などの内装はメンテナンスしやすい素材を使うことをおすすめします。保育園では、子どもたちが食べ物や飲み物をこぼしたり、おもらしをしてしまったりということが日常的に起こります。そういう事情を考えると、例えば、無垢材の床は、大人の目から見れば魅力的ではありますが、クッションフロアなどの掃除がしやすい素材を選んだほうが、現場の手間を減らすことができます。

また、24時間保育や年中無休で開園する場合は、メンテナンスに割ける時間も限られます。お手入れに時間がかかるような素材や設備は避けたほうが無難だといえます。

○保育料を決める

利用者から保育施設に支払われる料金が保育料です。企業主導型保育の場合、料金に基準があり、その基準から必要以上（２割以上）に高くすることは認められていません。しかし、「地域の実情をかんがみて」低くする分には制限がありません。その地域の相場を調査して、適切な金額を設定します。

２０１９年度の「企業主導型保育事業費補助金実施要項」には、利用者負担額として、平均的な水準が次のように示されています。

利用者負担相当額（一人あたり月額）　２０１９年10月１日から

年齢区分	利用者負担相当額
４歳以上児	２万３１００円
３歳児	２万６６００円
１、２歳児	３万７０００円
０歳児	３万７１００円

企業主導型保育施設の利用料は、この「利用者負担相当額」を原則とします。毎月の運営費助成金は、この利用者負担相当額が控除されて交付されることになります。事業者は控除される金額相当額を、利用者から利用料として徴収するというしくみです。

利用者負担額は、企業主導型保育事業（施設利用給付費）の対象となる子どもと対象以外の子どもに分けて設定します。

対象外となる子どもにかかる利用者負担額は、基本分単価の総額から右記の利用者負担相当額の総額を控除した額が交付されます。これを踏まえて、利用者負担額を設定します。対象となる子どもについては、企業主導型保育事業の施設利用給付費として利用者負担に相当する額が交付されることを踏まえて、対象外の児童にかかる利用者負担額から、利用者負担相当額を減じた額を利用者負担額として設定します。

認可保育園では、世帯収入が多いほど保育料が高くなる応能負担のしくみを取り入れていますが、企業主導型保育事業でも、同様の設定をすることは可能です。例えば、保護者の役職や社歴等に応じて利用料を変えることもできます。

また、保育料のほかに、次の費用は保護者に求めることができます。

- 日用品・文房具、そのほかの保育に必要な物品の購入に必要な費用
- 保育等に関わる行事への参加に要する費用
- 3歳以上の児童の主食費
- 通園バス代等（保育施設に通う際に提供される便宜に要する費用）
- 延長保育料等（保育施設の利用において通常必要とされるものに関わる費用で、保護者に負担させることが適当と認められるもの）

請求する際には、金銭の使い道や金額、請求する理由を書面で明らかにして保護者に説明を行い、同意を得る必要があります。

○人材の確保

保育園を運営していくうえで欠かせないのが保育士の存在です。一般的にはハローワークや求人サイトを通じて募集します。地域密着の企業であれば、紹介によって人材を確保することもできるでしょう。

保育士比率（2019年度）

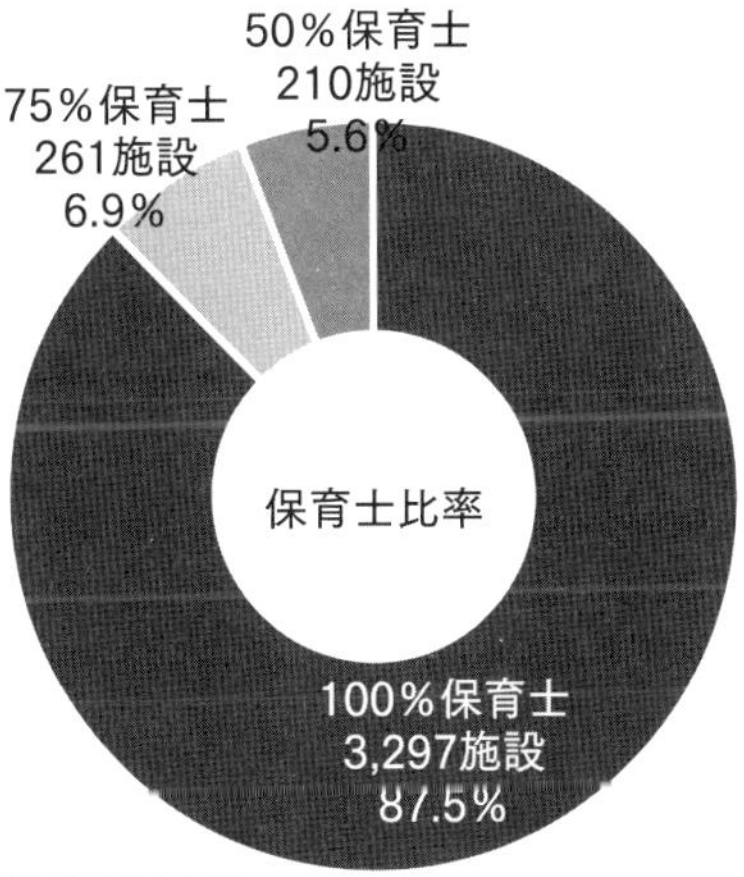

出典：児童育成協会「企業主導型保育事業」

保育の質を担うのは、保育の現場で働く保育士です。どんな人を採用するのかによって、保育園のカラーが決まるといっても過言ではありません。

企業主導型保育では保育従事者の２分の１以上が保育士であればよいことになっていますが、２０１９年のデータでは８割以上の施設で保育士の比率が１００％になっています。

詳しくは第４章で述べますが、面接という短い時間のなかで、その保育士さんの人柄や価値観を見極めることが必要になります。

かつては保育士という職業の待遇の悪さが問題になったことがありましたが、最近では給与水準もかなり改善されてきました。保育士専門の求人サイトから応募してきた人のなかには、より給与の高い保育園へと転職を繰り返している人もいます。

企業主導型保育では、その企業の従業員の働き方に合わせた保育をすることになるので、応募者に会社の方針などもきちんと理解してもらいながら、スケジュールに余裕をもって採用活動を行いましょう。

なお、後述しますが、保育士の比率が高いほど、助成額は高くなります。

助成金を活用して従業員に必要な保育サービスを充実させる

企業主導型では、運営費について最大で総額の95％（中小企業は97％）の助成があることはすでに述べました。その助成額がどのように算定されるのかを見てみましょう。

まず、「基本分単価」となるのは、次の六つの区分です。

・地域区分

● 延長保育加算（1事業あたり年間）

延長時間区分	定員20人以上	定員19人以下	
		保育士比率100%	保育士比率100%未満
30分	276,000円	276,000円	276,000円
1時間	1,421,000円	1,129,000円	1,129,000円
2～3時間	2,264,000円	1,407,000円	1,407,000円
4～5時間	4,761,000円	3,663,000円	3,663,000円
6時間以上	5,591,000円	4,251,000円	4,251,000円

出典：児童育成協会「企業主導型保育事業助成要領」（令和２年度改定版）

・定員区分
・年齢区分
・開所時間区分
・保育士比率区分
・企業区分（中小企業事業主が設置する事業所か、それ以外が設置する事業所か）

これに各種の加算があります。

◎延長保育加算

保育園の開所時間を超えて、前後30分以上の延長保育を実施する場合に、実施時間に応じて受給できる加算です。11時間開所の事業所の場合は11時間を超えて延長保育を行う場合、および13時間開所の事業所の場合は、13時間を超えて延長保育を行う場合が対象となります。

この加算を受給するにあたっては、保育士や保育従事者を基準にしたがって配置し、そのうち保育士が半数以上とする必要があります。また、常時2人以上の配置が必要です。

延長時間	延長時間内の1日あたりの平均対象児童数
①開所時間を超えて1時間以上	6人以上 ※定員19人以下の場合、または夜10時以降に行う場合は2人以上
②開所時間を超えて2時間以上	3人以上 ※定員19人以下の場合、または夜10時以降に行う場合は1人以上
③開所時間を超えて3時間以上	3人以上 ※定員19人以下の場合、または夜10時以降に行う場合は1人以上
④右記①~③に該当しないもので、開所時間を超えて30分以上	1人以上

※30分未満は助成の対象外

※平均対象児童数は登録ベースではなく、利用実績ベースでの算定

24時間保育にする場合は、8時～19時を通常保育とし、0時～8時を「前延長」、19時～24時を「後延長」とすることができます。

◎夜間保育加算

夜間の保育が必要になる業態や地域に対応して、22時までの保育を行う夜間保育施設に対する加算があります。

11時間開所の事業所であれば、11時間の終了時刻が22時まで、13時間開所の事業所であれば、13時間の終了時刻が22時までということになります。基本開所時間の終了が22時ということになるので、延長保育による延長時間は含まれません。

例えば、8時から22時まで開所していて、11時間開所という申請をしている事業所であれば、11時から22時を基本開所時間として、8時から11時を延長保育とすれば夜間保育加算がされます。

● 夜間保育加算（1人あたり月額）

定員区分	年齢区分	基準額
6～12人	3歳以上児	47,850円
	3歳未満児	45,750円
13～19人	3歳以上児	33,310円
	3歳未満児	31,120円
20～30人	3歳以上児	24,170円
	3歳未満児	22,070円
31～40人	3歳以上児	20,220円
	3歳未満児	18,120円
41～50人	3歳以上児	17,850円
	3歳未満児	15,750円
51～60人	3歳以上児	16,270円
	3歳未満児	14,180円
61人～	3歳以上児	15,140円
	3歳未満児	13,050円

出典：児童育成協会「企業主導型保育事業助成要領」（令和2年度改定版）

子どもが仮眠するための寝具や入浴のための設備が必要になります。保育が夜間にまで及ぶため、間食や給食を提供することが求められます。

◎非正規労働者受入推進加算

アルバイト、パート、契約社員、派遣社員などの非正規労働者は、正社員に比べて保育の必要性の点数が低くなるケースが多く、認可保育園に預けるためのハードルが高くなる傾向があります。非正規労働者受入推進加算は、そういった非正規労働者の子どもを優先的に入所させるための定員枠を設け、それを周知している保育施設に、その定員枠が空いている場合、一部補てん

非正規労働者受入推進加算（1事業あたり月額）

非正規労働者受入定員区分	基準額
1人	8,000円
2人	16,000円
3人	24,000円
4人	32,000円
5人	40,000円
6人	48,000円
7人	56,000円
8人	64,000円
9人	72,000円
10人以上	80,000円

出典：児童育成協会「企業主導型保育事業助成要領」（令和２年度改定版）

を行うという加算です。その枠が埋まれば、この加算は支給されなくなります。

例えば、パートタイムの社員が退職してその定員枠が一時的に空いてしまった場合、その定員が次に埋まった月までの空いている期間を対象に加算されます。

◎病児保育加算

企業主導型保育事業を実施している施設内で、病児保育を行った場合に、受給できる加算です。ここでいう病児保育は「病児保育事業の実施について（平成27年7月17日　雇児発0717第12号）」に準じた内容である必要があります。

病児保育事業を行うには、あらかじめ都

道府県知事に届出をしなければなりません。

病児保育室の面積は利用定員で考えます。整備する際は一人あたり3・3㎡が必要です。もし、地方公共団体の基準がそれを上回る場合はそちらの基準にしたがいます。

子どもが病気になった際に、急に仕事を休まなければならなくなるのは、子育てをしながら働くなかで、困ることの一つです。企業主導型保育を始めるのであれば、最初から病児保育をすることを決めておくと、子育てしながら働く社員たちの大きな助けになります。

病児保育事業は次の三つの形に分類されます。

種類	内容	職員の配置
病児対応型	児童（0歳～小学6年生）が病気の「回復期に至らない場合」にあって、かつ、当面の症状の急変が認められない場合、専用保育室および安静室等で一時的に保育する事業	・看護を担当する看護師、准看護師、保健師または助産師を、利用児童おおむね10人につき1人以上 ・保育士を利用児童おおむね3人につき1人以上 ※看護師等は常勤換算1人以上。保育士は児童の預かり時間以上の配置とする
病後児対応型	児童（0歳～小学6年生）が病気の「回復期」にあって、かつ集団保育が困難な期間に、専用保育室および安静室等で一時的に保育する事業	・看護を担当する看護師、准看護師、保健師または助産師を、利用児童おおむね10人につき1人以上 ・保育士を利用児童おおむね3人につき1人以上 ※看護師等は常勤換算1人以上。保育士は児童の預かり時間以上の配置とする
体調不良児対応型	・保育施設を利用している児童が保育中に微熱を出すなどの「体調不良」になった場合、安心・安全な体制を確保することで、保育施設等での緊急的な対応を行う ・保育施設等に通っている児童に保健的な対応を行う事業	・看護を担当する看護師、准看護師、保健師または助産師を、1人以上 ・看護師等1人に対して預かる体調不良児の人数は2人程度とする ※看護師等は常勤換算1人以上

● 病児対応型（1事業あたり年額）

基本分　5,007,000円

加算分

年間延べ利用児童数	基準額
10人以上50人未満	522,000円
50人以上200人未満	2,609,000円
200人以上400人未満	4,434,000円
400人以上600人未満	6,520,000円
600人以上800人未満	8,084,000円
800人以上1,000人未満	10,171,000円
1,000人以上1,200人未満	12,258,000円
1,200人以上1,400人未満	14,343,000円
1,400人以上1,600人未満	16.429.000円
1,600人以上1,800人未満	18,515,000円
1,800人以上2,000人未満	20,602,000円
2,000人以上	22,689,000円

小学生を受け入れられるのは、病児対応型と、病後児対応型のみとなります。それでも、自社の保育園で預かってもらえるというのは親子ともに心強いはずです。

病児保育加算の基本分と加算分は上と左ページのとおりです。

病後児対応型（1事業あたり年額）

基本分　4,166,000円

加算分

年間延べ利用児童数	基準額
10人以上50人未満	416,000円
50人以上200人未満	2,290,000円
200人以上400人未満	3,225,000円
400人以上600人未満	5,202,000円
600人以上800人未満	7,074,000円
800人以上1,000人未満	9,052,000円
1,000人以上1,200人未満	11,030,000円
1,200人以上1,400人未満	13,007,000円
1,400人以上1,600人未満	14,982,000円
1,600人以上1,800人未満	16,959,000円
1,800人以上2,000人未満	18,937,000円
2,000人以上	20,912,000円

体調不良児対応型（1事業あたり年額）

4,472,000円

出典：児童育成協会「企業主導型保育事業助成要領」（令和２年度改定版）

◎預かりサービス加算

保育園を利用していない家庭でも、日常生活での急な用事や、保護者の育児疲れなどの負担を軽くするために子どもを一時的に預かるのが預かりサービスです。

普段、別の保育園を利用している児童でも、いつも通っている保育園が閉まっている夜間や休日など、通常の保育サービスを受けられない曜日や時間には、一時預かり事業を利用することができるとされています。

一時預かり事業には次の二つの形があります。

・一般型

専用の保育室を確保して、配置基準に基づいた人員配置を専任で行うことが必要です。

一時預かり室の面積については、利用定員で考える必要があります。整備する際は１人あたり３・３㎡が必要です。地方公共団体の基準がそれを上回る場合は、そちらに準拠します。

人員は、配置基準に基づいて行うことが原則ですが、企業主導型保育事業の保育従事者によって支援を受けられる場合は、保育士１人が処遇できる乳幼児数の範囲内で保育従事者を保育士1人とカウントすることができます。また、1日あたりの平均利用児童数がおおむね3人以下である場合は、「家庭的保育事業等の設備及び運営に関する基準」第23条第2項に定める「市町村長が行う研修を修了した保育士と同等以上の知識及び経験を有すると市町村長が認めた者」を、保育十とみなすことができます。

預かりサービス加算

一般型（1事業あたり年額）

年間延べ利用児童数	基準額
300人未満	2,607,000円
300人以上900人未満	2,997,000円
900人以上1,500人未満	3,213,000円
1,500人以上2,100人未満	4,641,000円
2,100人以上2,700人未満	6,069,000円
2,700人以上3,300人未満	7,497,000円
3,300人以上3,900人未満	8,925,000円
3,900人以上4,500人未満	10,353,000円
4,500人以上5,100人未満	11,781,000円
5,100人以上5,700人未満	13,209,000円
5,700人以上6,300人未満	14,637,000円
6,300人以上6,900人未満	16,065,000円
6,900人以上7,500人未満	17,493,000円
7,500人以上8,100人未満	18,921,000円
8,100人以上8,700人未満	20,349,000円
8,700人以上9,300人未満	21,777,000円
9,300人以上9,900人未満	23,205,000円
9,900人以上10,500人未満	24,633,000円
10,500人以上11,100人未満	26,061,000円
11,100人以上11,700人未満	27,489,000円
11,700人以上12,300人未満	28,917,000円
12,300人以上12,900人未満	30,345,000円
12,900人以上13,500人未満	31,773,000円
13,500人以上14,100人未満	33,201,000円
14,100人以上14,700人未満	34,629,000円
14,700人以上15,300人未満	36,057,000円
15,300人以上15,900人未満	37,485,000円
15,900人以上16,500人未満	38,913,000円
16,500人以上17,100人未満	40,341,000円
17,100人以上17,700人未満	41,769,000円
17,700人以上18,300人未満	43,197,000円
18,300人以上18,900人未満	44,625,000円
18,900人以上19,500人未満	46,053,000円
19,500人以上20,100人未満	47,481,000円

※20,100人以上の場合は別途協議
出典：児童育成協会「企業主導型保育事業助成要領」（令和2年度改定版）

・余裕活用型

利用児童数が定員に満たない施設において、余裕を活用するタイプです。一般型と同様、配置基準に基づく人員配置を行う必要があります。基本分として児童１人あたり日額２４００円、特別支援児童（障害児・多胎児）加算は児童１人あたり日額３６００円です。

一時預かり事業の「一般型」を行うには、あらかじめ都道府県知事等に届出を行う必要があります。ただ、同じ一時預かり事業でも「余裕活用型」については、児童福祉上の一時預かり事業には該当しないため、都道府県知事等への届出は不要となります。

◎防犯・安全対策強化加算

保育園での事故は本来あってはならないことですが、事故を防止したり、事故が起きたあとの検証をしたりするために、ベビーセンサーやビデオカメラの設置等をする場合、各施設一度に限り加算されます。

対象となるのは、ビデオカメラ、レコーダー、モニター、ＡＥＤ、ベビーセンサーなどにかかる費用です。設置場所は、子どもが食事やお昼寝をするところや、水遊びをするプー

● 賃借料加算（1事業あたり年額）

定員区分	加算額
6～12人	2,390,000円
13～19人	4,021,000円
20～30人	4,168,000円
31～40人	4,967,000円
41～50人	5,617,000円
51～60人	5,617,000円
61人～	5,794,000円

出典：児童育成協会「企業主導型保育事業助成要領」（令和２年度改定版）

ルなどの重大な事故が起きる可能性のある場所、門扉や玄関などの人の出入りがある場所などが想定されています。

防犯・安全対策のための設備や備品であれば対象となりますが、助成金の上限額は1事業あたり年額、中小企業事業主で20万円、それ以外では10万円です。

◎そのほかの加算

ここで紹介したほかにも、次のような加算があります。

・賃借料加算

保育所として使用している物件が賃貸借で、賃貸料が発生している場合に加算されます。

・保育補助者雇上強化加算

保育士の業務負担を軽減して離職を防止し、保育人材の確保を目的として保育士の勤務環境改善に取り組んでいて、かつ保育補助者を配置した場合に加算されます。１事業あたり年額２２６万４０００円が加算されます。

・運営支援システム導入加算

業務のＩＣＴ化を進めて、保育士の負担を減らすために運営システムを導入する際に、一度に限って加算されます。中小企業事業主が設置する事業所に限り行われ、１事業あたり年額１００万円となります。

・連携推進加算

企業主導型保育事業を実施・連携するうえで必要な職員を、配置基準に加えて配置した場合に受給できます。加算されるためには、協会への助成申請手続きや、提携する企業との情報共有等の連携、地域枠児童の受け入れ、自治体への情報提供などをする職員が保育施設に常駐している必要があります。１事業あたり年額４６５万７０００円が加算されます。

・処遇改善等加算

質の高い保育を安定して行い、長く働ける職場をつくるために、職員の平均経験年数や賃金改善・キャリアアップの取り組みに応じた人件費について加算されます。

企業主導型の保育園ではこのような加算も活用しながら、自社の従業員のニーズに応じて保育サービスを充実させることができます。今なら会社の負担を少なくしながらも、より会社の実情にあった保育園をつくることができるのです。

第4章

企業主導型保育だからこそ叶う「質の高い保育」

保育園での事故が急増している!?

待機児童の問題が表面化して以来、国は急ピッチで保育の受け皿の数を増やしてきました。スピード重視で保育園を設立できるように新たな保育事業を増やし、助成金などによって保育への参入のハードルを下げ、数のうえでは当初掲げた目標値に近い数字を達成しつつあります。

しかし、それは数のうえでの達成で、保育の質が置き去りにされているという印象は否めません。

保育園はつくったものの、現場の人材不足から、保育士経験の浅い人が園長に抜擢され、現場が混乱することもあります。

また、経営側が保育園の運営を現場に丸投げしたために、負担を強いられた保育士たちが一斉に辞めてしまうというケースも見られます。過去には、保育士が一斉に退職したことで、認可保育園の運営が立ち行かなくなり、園児たちは突然慣れ親しんだ保育園から転園せざるを得なかったということもありました。

教育・保育施設等での事故件数の推移

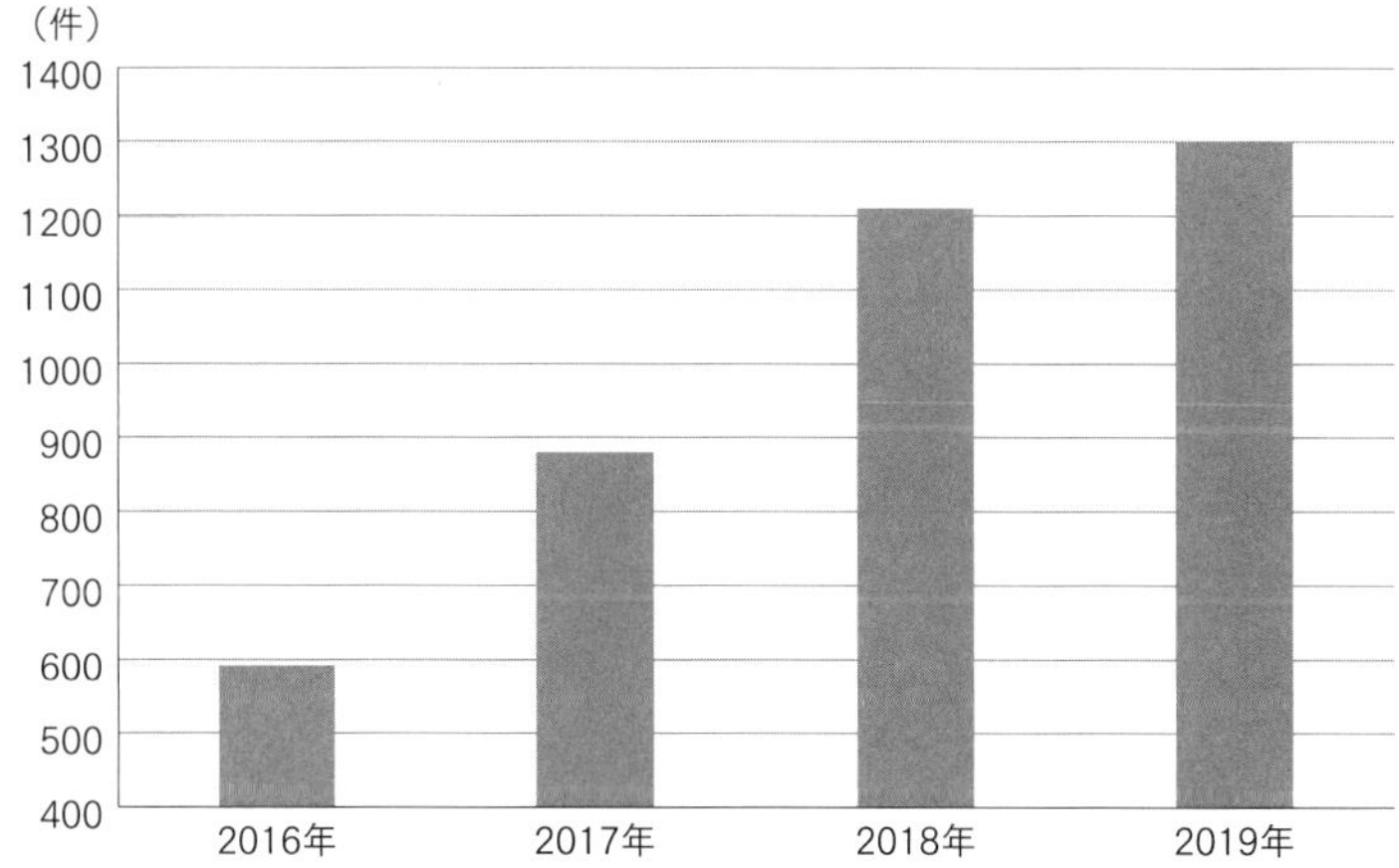

出典：内閣府「平成30年教育・保育施設等における事故報告集計」

近年は、保育園での事故報告の件数も増えています。２０１６年と２０１９年を比較すると、２倍以上になっています。

しかし、適切な運営が行われていれば、保育園は決して危ない場所ではありません。むしろ、保護者の方々が安心して子どもを預けられる場所であり、子どもたちが集団のなかで成長の機会を得られる場でもあります。

実際に、私は27年間保育事業を営んできて、12園を経営していますが、どの園でもこれまでに事故はゼロです。

ただ、こういった数字が報道されると、保護者は不安を掻き立てられます。

保育の受け皿の数がある程度確保されてきた状況において、保護者が「とにかく預かってもらえる場所」を探していた段階から、「安心して預けられる場所」を探すようになってきたということは第1章で述べました。

数ある保育園のなかからどこを選ぶのか――。

保護者が保育サービスを見比べ、保育園を吟味するようになってきています。これからは、今まで以上に保育の「質」が問われる時代になってきているといえます。

それでは、そもそも、保育の「質」とは、どういったものなのでしょうか。

保育の「質」を決めるものとは

保育園での保育の質は、保育士によるところが大きいといえます。保育士が保育の技術をもっているということを大前提とし、そのうえで保育の質を決めるのは愛情・安全・考える力の三つの要素だと私は考えています。

まず、何よりも大切なのは「愛情」です。

子どもたちはスキンシップを求めています。特に乳幼児期の子どもにとって、スキンシップは心を落ちつかせるために不可欠な要素です。

アメリカの心理学者であるハーロウはアカゲザルの実験結果から、身体的な触れ合いの重要性を論じています。ハーロウは授乳装置の付いた針金でつくったアカゲザルの母親の模型と、授乳装置の付いていない布製の母親の模型を用意し、アカゲザルの子どもがどのような行動を示すかを観察しました。

その結果、アカゲザルの子どもは、空腹のとき以外の時間のほとんどを布製の母親の模型と過ごしました。また、恐怖を感じたときにも、布製の母親の模型にしがみつくという行動が見られました。

これによって、子どもに大切なのは「ミルクをくれる存在」よりも「温かな触れ合いができる存在」なのだとハーロウは考えました。

乳幼児期の子どもにとってスキンシップは重要で、保育園にいる間は保育士が母親の代わりに愛情のある触れ合いを行うことはとても大事なのです。

また、中世ヨーロッパで行われた実験では、子どもに話し掛けることもせず、目も合わせなかったらどうなるかということが検証されました。現代では人道的な観点から許されない残酷な実験ですが、保育者が通常どおりのコミュニケーションを取った子どもたちと、コミュニケーションを取らなかった子どもたちを比較したところ、コミュニケーションがゼロの場合、子どもは死に至るという結果が出たといわれています。

この実験は極端な例ではありますが、現代でも、親が子どもの育児を放棄するネグレクトは、子どもの発達に悪影響を及ぼすことが広く知られています。

発達段階に合った声掛けとスキンシップは、子どもの成長と精神的な安定に不可欠であり、これを適切に行えるかどうかは保育の質を決める大切な要素の一つであるといえます。

二つ目は「安全」です。事故が起きないように配慮された空間のなかで、安全な保育が行われる必要があります。きちんとマニュアルを定め、園長などの施設のリーダーがきちんと管理できているか、現場の保育士が細かいことにもきちんと気づけるかということが、その保育園の安全性を左右します。

なかでも衛生面は目につきやすいところでもあります。トイレが清潔に保たれているか、ゴミはきちんと処理されているかといったことはもちろん、感染症への対策が行き届いているか、子どもたちへの指導や保護者へのアナウンスをきちんとして、徹底しているかどうかは、子どもたちの健康に直結します。

乳児の保護者が心配するのは、お昼寝の際の事故です。うつぶせになって呼吸ができない状態で放置されてしまえば、死亡事故につながります。最近は、お昼寝をしている子どもの呼吸が止まっていないかどうかを感知する機械などもあります。企業主導型保育では、そういった機器の導入に関して助成があるので、人間の力だけでは限界があるところは、機械の力を借りるという手もあります。

日常の管理をきちんと行い、時には便利なツールも上手に活用しながら安全性を保つことが大切です。

三つ目は保育士自身の「考える力」です。保育の現場を観察していると、保育士のなかでも細かいことに気づく人とそうでない人がいます。その差は、これまでに育ってきた環境や、保育士としての経験値によって生まれるものだと私は考えています。

言われたことだけをこなしていくというタイプの人は、どんなに経験年数が増えたとしても、事故につながりかねない小さな危険の芽や、子どもたちが発するＳＯＳ信号をキャッチできずに逃してしまいがちです。現場で教育体制を整えても、どれほど研修を充実させても、本人の意識が変わらなければ、残念ながら察する力や考える力を伸ばすことはできません。

一方、保育士としての経験が浅くても、自ら学ぶ姿勢がある人は、周りの状況をよく見て、自分の頭で考えて、それぞれの子どもに合わせた最適な対応ができるようになっていきます。小さな違和感を見逃すことなく、事故を未然に防いだり、子どもたちの発達を手助けするようなアプローチをしたりすることができるようになるのです。

愛情をもって保育に携わっている先生がそろっているか、安全や衛生面に関してきちんと管理が行き届いているか、保育士が自分の頭で考えて行動できているかという三つの要素が合わさって、保育の質は決まると私は考えています。

保育士を採用するうえで大切なこと

企業主導型保育を行う会社のなかには、自社で保育士採用を行うところもあれば、採用も委託会社に任せるところもあります。いずれにしても、保育の質を左右する保育士の採用は、保育園を開設するプロセスのなかでも、特に慎重に行わなければなりません。

自社で採用を行う場合は、ハローワークや採用サイトを利用したりして募集をかけることになります。地域密着型の企業であれば、人の伝手をたどって、園長となるのにふさわしい経歴の人物を採用し、そこから紹介で保育士を集めるという形を取るところもあります。

採用面接をするときのポイントとしては、前述の保育の質を決める要素を念頭におきながら、次のようなことを判断基準として人物を見ていきます。

・元気よく明るいあいさつができるか
・人に対して愛情をもって接することができる人物か
・周囲に対して気遣いができるか

保育業界での勤務年数などの経歴よりも、人柄を重視したほうが、将来的にプラスになることが多いというのが、20年以上にわたって保育事業を営んできた経験からいえることです。

時には、これまでの保育園での経験が、むしろマイナスに働くこともあります。

認可保育園には公立と私立があり、公立の園の先生は公務員という扱いになります。新卒で公立の保育園に就職し、そのままキャリアを重ねてきた先生のなかには、長年「先生」

として扱われてきたことで、保護者に対して上からものを言うような態度が染み付いてしまっている人もいます。

保護者のなかには、子育てに不安を抱えている人もたくさんいます。仕事との両立で精神的に余裕がない人もいれば、ネット上の情報に踊らされて必要以上に神経質になっている人もいます。そういった保護者の心に寄り添うことなく、これまでの保育経験に則って「そんなことしちゃダメですよ」などと、頭ごなしに発言してしまうと、保護者との間でトラブルに発展することがあります。

時代とともに保護者を巡る環境も変わってきています。かつては、きょうだいや親戚、ご近所などの身近で乳幼児を見る機会も頻繁にありました。しかし、最近では、赤ちゃんを抱くのは自分の子どもが初めてという人も少なくありません。そのような状況を踏まえ保護者の気持ちに寄り添いながら、適切なアドバイスができる保育士かどうかを見る必要があります。

たとえ保育士としての経験が浅くても、保護者の言葉にきちんと耳を傾けたうえで相談に乗ることができる保育士さんは、保護者と良好な関係を築くことができます。

もちろん、公立の園で長年経験を積んだ保育士さんのなかには、すばらしい先生もいますので、面接の場では、ちょっとした振る舞いをよく観察して、人物を見極めましょう。

保育の技術があることはもちろん、保護者対応がきちんとできるかどうかも保育士の重要なスキルです。具体的には、園児の1日の様子を保護者に説明する力があるか、保護者の話を傾聴できるかということが大切です。

そのため、採用をする際は、保育園での実務経験だけにとらわれるのではなく、他業種で働いた経験がある人にも目を向けるとよいでしょう。企業に勤めた経験がある人は社会人としてのマナーを身につけている場合がほとんどですし、会社で働く人の気持ちが分かるという利点もあります。

いずれにせよ、面接の場での様子をよく観察し、実際の保育現場で働く姿を思い浮かべます。

私が面接を行うときは、前述の基準だけでなく、保育園のカラーに合うかということも考慮に入れます。その園で働く保育士さんの年齢層やキャラクターなどによって、保育園のカラーはまったく変わるからです。園の職場環境になじめる人柄かどうかを考えることは、企業の人材採用とも通じるところがあるのではないでしょうか。

面接の短い時間のなかで、ここに紹介したような情報を見極めることはなかなか難しいことかもしれません。しかし、自社で保育園を始めるのであれば、どんなカラーの保育園にしたいのか、そこで働く保育士たちに何を求めるのかを整理したうえで、子どもたちに愛情をもって接することのできる保育士を人物重視で選ぶようにしましょう。

保育士の自主性を伸ばす環境づくり

私が経営している会社では、スタッフからさまざまなアイデアが上がってきます。

その一つの例が「Mother Caffe」です。これは月に1～2回、さまざまな保育園に勤める保育士さんたちがランチをしながら情報交換をする機会としてスタートしました。保育士同士の支え合いの場となっていて、時には講師を呼んで研修の機会とすることもあります。お互いから知識や情報を得るということはもちろん、保育士さん同士の横のつながりを築く機会にもなっています。

もともとは実際に集まって語り合っていましたが、最近は新型コロナウイルスの流行によってオンラインでの開催に移行しました。

すると、オンラインでの開催になったことで、先生たちが勤務先の保育園にいながら参

Mother Caffe

加することができるようになり、より気軽な参加が可能になりました。また、話した内容を録画しておけるので、当日参加できなかった人も、あとから動画を観て同じ内容を共有することもできます。

　このような保育士同士で交流のできる場があると、今、自分の園で困っていることを、保育士仲間に相談する機会が生まれます。ほかの園ではどのように対処しているかといった情報を共有することで、思わぬところに問題解決の糸口が見つかることもあります。

　保育園という枠を取り払ったコミュニティーでほかの園での取り組みを聞くことは、保育士さんにとってよい刺激になっているようです。時には、保育から派生した新たなビジネスのアイデアが生まれることもあります。

保育園を安全に運営するには、きちんとしたルールやマニュアルにしたがって保育を行う必要があります。ただ、保育士さんたちが伸び伸びと働くには、保育士さんたちのアイデアを活かせる余地も必要です。自分の出したアイデアが形になるということを知ると、保育士さんたちは生活のなかで目にするものを、保育と結び付けて考えるようになり、新しい魅力的な提案をしてくれるようになります。

保育園によっては、新任の先生に雑務を割り当て、ほかの先生を見て保育の仕方を学ぶようにと、まるで徒弟制度のような新人教育をいまだにしている園もあると聞きます。新任の先生ならではの柔軟な発想や、若い世代特有の視点からの提案は貴重です。意見を聞くことで、保育の現場をよりよくすることにもつながりますし、若い先生たちもいきいきと働けます。

企業主導型保育は認可保育園に比べて自由度が高いという利点を活かすためにも、保育士さんたちの自主性を伸ばす環境をつくることが大切だと私は考えています。

保育士以外のさまざまな視点が保育の多様性を高める

「児童福祉施設の設備及び運営に関する基準（厚生労働省令）」第35条によると、「保育所における保育は、養護及び教育を一体的に行うことをその特性とし、その内容については、厚生労働大臣が定める指針（保育所保育指針）に従う」とあります。

保育所保育指針によれば、保育における「養護」とは、子どもの生命を保持し、情緒を安定させるために保育士等が行う援助や関わりのことです。

また、保育における「教育」とは、子どもが健やかに成長して、その活動がより豊かに展開されるための発達の援助のことを指します。

教育には、健康、人間関係、環境、言葉、表現の5つの領域があり、それぞれの領域が目指す目標は次ページの図のとおりです。

企業主導型保育では、保育従事者のうち保育士の割合は2分の1以上と定められています。採用の仕方を工夫することで保育の現場にさまざまなバックグラウンドをもった人材

教育の５つの領域

領域	目標
健康	健康、安全など生活に必要である基本的な習慣や態度を養い、心身の健康の基礎を培うこと。
人間関係	人との関わりのなかで、人に対する愛情と信頼感、そして人権を大切にする心を育てるとともに、自主、自立および協調の態度を養い、道徳性の芽生えを培うこと。
環境	生命、自然および社会の事象についての興味や関心を育て、それらに対する豊かな心情や思考力の芽生えを培うこと。
言葉	生活のなかで、言葉への興味や関心を育て、話したり、聞いたり、相手の話を理解しようとするなど、言葉の豊かさを養うこと。
表現	さまざまな体験を通して、豊かな感性や表現力を育み、創造性の芽生えを培うこと。

参考：厚生労働省「保育所保育指針」

が入ってくれば、保育内容が多様化します。

私たちの会社がお手伝いした保育園のなかには、外国語が堪能なスタッフを採用することで、外国語教育に力を入れているという例があります。これによって、保育の教育でいうところの「言葉」について、より豊かな教育を受けることができるようになります。幼児期にさまざまな保育者と関わることで、外国の言語に触れるということはもちろん、多様な文化に触れることによる効果も期待できるでしょう。

あるいは、美術や音楽などのスキルをもった人がスタッフとして加わったとしたら、保育における教育のうちの「表現」の領域について、子どもたちの可能性をさまざまに伸ばしていくこともできるでしょう。

教育の面以外にも、ほかの業種での社会人経験のある人が入ってくることは、保育現場にとってプラスになります。保育の現場では当たり前だったけれど、専門家の目から見ると不合理であると思われるような慣習を改める機会にもなるからです。

私たちの会社でも、元看護師の社員がいますが、医療のプロの目から保育園の衛生面などの助言を受けると、なるほどと感心させられることがあります。

このように、さまざまな視点が加わることで、保育に多様性が生まれたり、足りなかった部分が補強されたりして、より質の高い保育が可能になります。

企業主導型保育だからこそ叶う質の高い保育

ここまで、保育の質について見てきましたが、企業主導型保育においては、保育の質をどのように担保していけばよいのでしょうか。

まず、一つ目の「愛情」については、保育士を採用する際に、人物を見極める必要があります。何度もいうようですが、保育の質を担うのは保育士です。保育ならではの人物の見方もあるので、もし不安であれば、保育事業者の力を借りるという手もあるでしょう。

二つ目の「安全」については、「教育・保育施設等における事故防止及び事故発生時の対応のためのガイドライン」（平成28年度3月31日付け、内閣府子ども・子育て本部参事官・文部科学省初等中等教育局幼児教育課長・厚生労働省雇用均等・児童家庭局保育課長連名通知）にしたがって対応します。

もしもの場合に備えて、賠償責任保険と傷害保険への加入が必要です。

事故が発生してしまった場合は「特定教育・保育施設等における事故の報告等について」に基づいて、都道府県と児童育成協会に報告しなければなりません。

大切な子どもたちを預かる仕事である以上、保育の現場で事故が起こることは、なんとしてでも防がなければなりません。

私の経営する会社では、自社で保育園を設立・運営しているほか、保育園の委託運営や、フランチャイズも行っていますが、前述のガイドラインに沿うだけでなく、独自に安全マニュアルを作成し、現場にも徹底するように指導しています。

それでも、もしもの場合に備えて、一事故10億円まで補償される保険に加入しています。

この保険は自社で運営している保育園はもちろん、フランチャイズ契約を結んでいる園にも適用されます。私の会社にも、企業主導型の保育園をつくろうと考えている会社からの問い合わせが入りますが、安全を第一に考える会社は、保育のノウハウと経験のある保育事業者を厳選して委託するケースが多いようです。

三つ目の「考える力」については、通常の保育園よりも企業主導型保育のほうが磨かれる環境であるといえるかもしれません。なぜなら、企業主導型の保育園は、会社と保護者と保育者が手を取り合ってつくり上げていくものだからです。会社から方針が示されるだけでなく、時には保護者から要望が上がってくることもあるでしょう。子育てしながら働きやすい会社をどんなふうに実現していくのかを考えながら、保育スタッフの側から提案できることもあるかもしれません。その会社で働く保護者にも、子どもたちにとっても最適な保育をみんなで考えて実現していくことになります。

初めて保育事業を行う場合、保育園設立までの道のりは慣れないことばかりで、戸惑いも多いかもしれません。しかし、そうやってみんなの力を合わせて誕生した企業主導型の保育園は、質の高い保育を実現できるポテンシャルを存分に秘めているのです。

第5章

企業から
子育て支援の輪を広げ、
女性が活躍できる職場に

あらゆる職場で女性は活躍できる

女性の社会進出が進み、さまざまな分野で女性が活躍できるようになり、最近では女性の管理職も少しずつ増えてきました。

本来、女性はあらゆる職場で活躍できるのだと思います。

ただ、現時点では女性が子育てしながら働きやすい会社とそうでない会社に二極化しているのが実情です。

両者の間にはどのような違いがあるのでしょうか。

それは、子育てをしながら働く社員への「理解」があるかどうかです。

ここまでに、働くお母さんたちを取り巻く環境や、子育てをしながら働くことの大変さの理由などを説明してきましたが、それらを会社を構成する一人ひとりが理解できているかどうかということです。

以前は、会社と保育園は離れたところにあって、お母さんたちがどんなふうに仕事と子育てとの両立に奮闘しているのかは、同僚には見えづらかったといえます。そのため、子育て経験のない社員にとってそれは未知の領域で、実感をもって理解することなどほとんどできませんでした。

しかし、企業主導型保育を導入し、社員の目に触れるところに保育園がやってくることは、社員たちの理解を促します。

そして、職場と保育園が一体となることで、子育て中の社員たちがこれまでにしてきた苦労や抱えてきた不安が軽減されます。

・復職のタイミングで保育園に入れない
・保育園への送迎の負担が大きい
・何かあったときに駆けつけることができないという不安
・子どもと過ごす時間が減ってしまい、成長を見逃してしまう切なさ

そういったお母さんたちの悩みを、企業主導型保育を始めることで解決できるのです。
それでも足りない分については、ベビーシッターを活用するなどして補えば、女性が子育てしながら働きやすい環境を整えることができるはずです。

コロナ禍で力を発揮した「院内保育」

この本では企業主導型保育に焦点を当てて紹介してきましたが、その類型として、病院がそこで働く医師や看護師のためにつくる保育園もあります。これは「院内保育」と呼ばれてきました。

かつて、病院内に保育園をつくれるのは、大病院に限られていました。それは、企業内に保育園をつくれるのが大企業だけだったのと同じで、保育園の定員の確保や設立・運営の資金の調達が大変だったからです。

しかし、2016年以降、新たに病院が保育園をつくる場合は、企業主導型保育事業を利用してつくることができるようになりました。実際に、最近ではさまざまな規模の病院が保育園を設立しています。看護師を確保したいと考えるなら、今こそ保育園の設立に向けて積極的に取り組むべきでしょう。なぜなら、院内保育を備えていないことで、今後、看護師の採用に苦労したり、経験を積んだ優秀な看護師が離職したりしてしまうリスクが高まるからです。

院内保育は、少人数であることが多く、子どもたち同士も顔見知りになるので、子どもたちにとっては安心して過ごせる家庭のような場になります。

また、保護者が子どもに幼稚園の教育を受けさせたいと望む場合は、保護者と一緒に保育園に登園し、保育園前にお迎えにきた幼稚園の送迎バスに乗って幼稚園に通い、またバスで保育園に帰ってくるというケースもあります。まさに「第二のおうち」なのです。

この院内保育が、コロナ禍で大いに力を発揮しました。

2020年4月、新型コロナウイルスの流行によって緊急事態宣言が出され、全国で一斉休校になった際、保護者の要望に応えて12歳まで受け入れることにしたのです。

小学生とはいえ、数年前まではその保育園に通っていた卒園生なので、みんな勝手がよく分かっていて、幼児のお世話をしたり一緒に遊んだりと、園内がにわかに大家族のようになりました。

また、院内保育の存在が、子どもたちを心ない中傷から守ることにもなりました。緊急事態宣言で日本中がピリピリした空気になるなか、とても悲しいことですが、コロナ患者のために奮闘する医療従事者に対して、差別的な態度を取る人もいました。それは医療従事者本人だけでなく、その家族にまで及ぶことがありました。一般の保育園では「あの子のお母さんは看護師だから、一緒に遊んじゃだめよ」などと自分の子どもに言い含める親もいたといいます。

その点、院内保育であれば、すべての子どもの保護者が医療従事者です。院内保育に通う子どもたちは、そのような冷たい仕打ちを受けることもなく、お兄さんやお姉さんに囲まれて、むしろ楽しそうに日々を過ごす姿が見られました。

今回のような未知のウイルスの流行が、また起こる可能性は否めません。院内保育を整えておくことは看護師のリクルートに役に立つということはもちろん、非常時に医療従事者が安心して子どもを預けて難局に当たるための大きな力となります。

● 院内保育の様子

子育てしやすい職場の雰囲気をつくるのも経営者の役目

子育てしながら働きやすい職場にするために、制度を整えるのも大切ですが、それ以上に大切なのが、そういった制度を利用しやすい職場の空気をつくることです。それは、経営者や現場のリーダーの役目でもあります。

そもそも、子どもを育てるということ自体が大変な仕事です。それに加えて会社で働くのだから、本人が覚悟をもつことは最低限必要です。育児休業や短時間勤務を利用する人自身が、子育てをしながら働くことに対して覚悟をもって臨んでいれば、周囲も自然と手助けしようという空気になります。

しかし、周りの社員も自分の担当している仕事を回しながらのサポートになるので、善意でできる範囲には限界があります。

子育て中の社員は、周囲に負担をかけていることを必要以上に申し訳なく思い、周りの社員は、自分の負担が増えることでモヤモヤした気持ちを抱える――。

「私はこのままこの会社で働いてよいのだろうか……」

双方がそんな思いを抱える職場では、優秀な人材に長く勤めてもらうことができません。

経営者側がすべきことは、子育て中の社員をサポートする側にも過剰な負担がかからないように、人員配置やしくみを整えることです。第2章で紹介した資生堂などの例も参考になるでしょう。

現場から不満が出るのは、不公平感があるからです。子育て中の人に手厚い制度がある会社は、見かけ上、子育て支援の充実したよい会社かもしれません。しかし、それ以外の人が何の見返りもなく負担を強いられていたのでは、その職場はいつ破綻してもおかしくありません。

子育てには終わりがあります。実際、子育てに手がかかるのは、長い仕事人生のなかのほんの数年のことです。

「この期間はしょうがないよね。困ったときには、お互いさまだよね」

と双方が理解し合える空気が生まれれば、それは若い世代にも波及し、「子どもを産んでもこの会社で働くのが当たり前」という環境をつくることができるはずです。

よきロールモデルをつくり、引き継いでいく

子育て支援の制度が利用できるということもそうですが、子育てをしながらでも職場で円滑に仕事ができるように、あらかじめ人材教育を考えておくということも大切です。それは集合研修のような形ではなく、よきロールモデルを示し、その姿にならっていくという形になるでしょう。

育児休業から復帰して、育児と仕事を両立させながらキャリアを築いていく女性は、育休明けに突然仕事ぶりが変わるわけではありません。育児休業に入る以前から、一つひとつの仕事にきちんと取り組み、周囲への配慮を忘れず、周りと連携を取りながら仕事をしてきているはずです。ほかの社員との信頼関係ができているから、何が起きても、周りに力を貸してもらえるし、手助けする側も負担を不満に思うことはありません。それどころか、恩義を感じてくれていたら、役に立てるのをうれしく思うことさえあるでしょう。

社員には、出産・育児というライフステージを考慮に入れたキャリア教育を行うことで、会社で長く働くイメージを膨らますことができるでしょう。そして、職場にロールモデル

になるような女性社員の存在があることで、若い世代も子育てをしながら働くイメージが描きやすくなります。いずれ、若い世代が母親となるときには、ロールモデルとなる人をお手本にしつつ、そのときの時代に合ったベストの方法を探しながら、仕事にも育児にも取り組めるはずです。

そうやってよきロールモデルが引き継がれていくことで、女性が育児をしながら働きやすい会社の風土ができ上がっていきます。

子育てをしながら働きやすい会社の風土というのは、制度を整えたからといって、すぐにできるわけではありません。経営者側が長いスパンで人材教育を考え、社員たちに出産・育児というライフステージを視野に入れた意識付けをしていくことが不可欠です。

お母さんたちの心に余裕を

私は保育事業を手掛けるようになって20年以上が経つのですが、かつて保育事業を始めた頃に比べて、保育サービスに対する保護者の考え方が変わってきているのを感じています。

特にベビーシッター事業に顕著なのですが、かつての保護者は「預かってもらえてありがたい」という姿勢の方がほとんどでした。それが、今では「お金を払っているのだから、預かってもらって当たり前」という態度を見せる保護者が増えています。なかにはベビーシッターの業務の範疇ではない家事まで頼もうとする人さえいます。

その背景には、ベビーシッター利用料に助成が出るようになり、預ける人が多様になったということもあるでしょう。ただ、それ以上に、お母さんたちの心に余裕がないのではないかとも感じます。

その傾向は地域性もあって、特に都心部で働くお母さんたちは、常に気持ちが張り詰めている印象があります。仕事に追われ、家事に追われ、育児に追われているのに、頼れる人がいないということの表れなのではないでしょうか。

企業主導型保育は、そういったお母さんたちの物理的・精神的な負荷を軽くすることができます。

場合によっては、子どもの送り迎えに費やしていた数十分もの時間を節約でき、その分、睡眠時間を確保することができるかもしれません。あるいは、子どもとゆっくり向き合う時間に充てることもできるでしょう。

保育園に預けることで、子どもとの距離が離れるために、必要以上に神経質になっていたのが、仕事場から目の届く範囲に預けられるようになることで、心に落ちつきを取り戻せる可能性もあります。

自社で働く社員の負担をできるだけ取り除くにはどうしたらよいかを考えながら保育園のあり方を設計していくことは、社員本人にはもちろん、職場にも、保育現場にも、そして子どもたちにも、さまざまなメリットをもたらすといえます。

預ける側も保育園を一緒につくっていける

働きながら子育てをしていくうえで、子どもを預ける先の選択肢はどんどん増えています。認可保育園のなかでも、従来の一般的な保育園にするのか、少人数の小規模保育にするのか、家庭に近い環境の家庭的保育にするのかなど、保育に対する考え方で預け先を選ぶことができます。つまり、いくつかある保育園のなかから、自分の働き方や保育への考え方によって、預けたい保育園を選ぶということになります。

企業主導型保育が今までの保育園と大きく違うのは、自分たちの働き方に合うように保育園をカスタマイズしていくことが可能であるという点です。これは、従来の保育園と保護者との関係ではあり得なかった、新しい関わり方です。

また、保育園の場合、保護者同士の横のつながりは希薄になりがちですが、企業主導型保育では、同じ企業に勤める人同士であることも多く、コミュニケーションを取りやすいという利点があります。育児休業から復帰する際に、会社が復職者同士をつなげるような機会をつくっていれば、その時点で子どもが同級生同士の仲間です。

例えば、保護者同士の会話のなかで、保育に英語教育を取り入れてほしいという声が多数上がれば、それを取りまとめて、保育内容に反映するというようなこともできるでしょう。

企業主導型保育は認可外であるため、企業側からの発案で、自社の特徴を活かした独自の保育を展開することもできます。

また、認可園に比べて、保育士が柔軟な発想で新たなカリキュラムを提案することもやりやすい環境だといえます。

企業主導型保育では、保育の中心となる保育士さんだけでなく、企業も、その企業で働く保護者も、みんなが意見を出し合って、より自分たちにフィットする保育園をつくり上げていくことができるのです。

夢のある仕事が保育士の可能性を伸ばす

私の経営する保育園では、保育士さんたちが柔軟な発想で次々と新しいことに挑戦してくれています。それは保育に直接関わることだけではありません。

最近でいうと、保育士さんたちから子ども食堂をやりたいという声が上がったことがあります。

保育園に通っている子どもなら、平日は栄養面をきちんと計算された給食を食べることができます。しかし、土曜・日曜はコンビニ弁当やレトルト食品を食べる回数が多い子もいるという話を聞いて、お料理が好きな保育士さんたちから子ども食堂をやってみたいというアイデアが出てきたのです。

ほかには、エプロンシアターの製作をしたいという声も上がりました。エプロンシアターとは、胸当てのあるエプロンを舞台に見立てて、ポケットなどから人形などを次々と取り出し、エプロンに付けたり外したりしながらストーリーを展開していくというものです。立体的な紙芝居のようでもあり、エプロンの上で展開されるために、移動しながら演じら

● エプロンシアターを使っている様子

れる人形劇のようでもあります。

子どもたちが大喜びするエプロンシアターですが、現在、エプロンシアターを製作・販売している会社は1社しかないため、購入しようとすると価格が高く、気軽にいくつも買えるものではありません。その現状を歯がゆく思っていた保育士さんが、自分たちでつくって販売してみたいと考えたのです。

事業を起こすのであれば、きちんと収支を考えなければなりません。

提案してきてくれた保育士さんたちは自主的に計画を練り、クラウドファンディングを使って資金を集めて、事業化しようと頑張っています。

保育士さんから提案があったとき、私は子どもたちの安全に問題がなければ、やってみるように後押ししています。

先ほどの子ども食堂の例でいうと、レシピを考え、食材を仕入れて、告知し、場合によっては必要な人員を手配するなどといった一連の業務によって、経営者的な視点が磨かれることもあるでしょう。それは、いずれ自分が独立して園をもつということになった場合、大いに役に立つ力となるに違いありません。

また、エプロンシアターの例では、商品を企画し、販売し、プロモーションをして、収益を出し、時にはユーザーからフィードバックを得るという経験を通して、普段の保育にも活かせるような収穫を得られるはずです。

自分自身の内側から湧き起こってきた夢のある仕事を任せると、保育士さんたちはいきいきと輝き出します。

保育士さんたちが、「保育園」という限られた環境下で、子どもたちと保護者という固定的な人間関係のなかだけにとどまるのではなく、さまざまな人と関わり、自分自身が成長していくことで、より豊かな保育が可能になっていくのではないかと考えています。

支援の輪を広げ、女性が活躍できる社会へ

ここまで見てきたように、企業主導型保育を導入することで、その会社で働く人たちが、子育てをしていくうえでの苦労がずいぶん減ります。

人類の歴史をさかのぼってみれば、もともとヒトは群れで生活し、助け合いながら子育てをしていました。それが子育ての本来のやり方だったはずです。

それなのに、核家族化が進み、また地域とのつながりも希薄になっているなかで、お母さんたちは一人で育児も家事も仕事も、すべてを背負っていることも少なくありません。

企業主導型保育によって、その重荷を少しでも軽くし、女性社員がいきいきと仕事に向かうことができたら、それは本人にとっても幸せなことですし、会社にとってもプラスになります。

さらに、そうやって楽しそうに仕事に向かう母親の姿を見て育つ子どもは、きっと未来に明るい希望をもつことができるでしょう。

企業主導型保育が増えていき、会社が保育園をもっていることが当たり前になって、子育てしながら働く女性が心置きなく活躍できる社会は、みんなが幸せになれる社会でもあるのです。

おわりに

ビジネスのきっかけは思わぬところに転がっているものです。

私が保育事業を始めたのは27年前のこと。当時はソフトウエア会社を起業し、これから軌道に乗せていこうという時期でした。そこで、自分が働くために、子どもを預かってくれる先を探そうとしたのでした。

当時、まだ保育園は今ほど数も多くなく、幼稚園がようやく2歳から預かってくれるようになった頃で、今と比べると、利用できる保育サービスはかなり限られていたといえます。

そんなときに、私の頭によぎったのは、起業前にソニーで海外営業部に在籍していた際、ロサンゼルスで見た女性たちの姿でした。彼女たちは、当たり前のようにベビーシッターを利用し、男性と渡り合いながら、いきいきと働いていたのです。

ところが当時、私の住んでいる湘南地域にはベビーシッターの派遣会社がありませんでした。それならば自分の目で見て信頼できる人を雇ってベビーシッターの会社をつくってしまおうと、ベビーシッター事業を始めることにしたのでした。

会社設立から2年で大磯プリンスホテルから声がかかり、そこから紹介がつながっていって、富士屋ホテル、ヒルトンホテルなど、どんどん広がっていきました。

それと前後して、市から依頼を受けて、市立病院の院内保育を委託されることにもなりました。

当時も保育を必要としている人はたくさんいたのに、その需要に応えるサービスがなかったのです。

私自身も、2人の子どもを育てながら仕事をしてきました。経営者という立場では、子どもが熱を出しても、なんとか仕事を回さなければなりません。聞き分けがよくて、親を困らせることの少ない子どもたちでしたが、そこは元気いっぱいの子どものことですから、時には骨折をしたこともありましたし、病気で入院したこともありました。

子どもが入院したときには病室で付き添う必要があったので、私は病院にパソコンを持ち込み、電話で連絡を取りながら仕事をしました。今思えば、テレワークとして当たり前になりつつある働き方ですが、困ったときでも、そうやって「どうすれば仕事ができるか」を考えて、道を切り拓いてきました。

振り返ってみれば、仕事に育児にと忙しい毎日ではありました。しかし、それが苦になることはありませんでした。

なぜなら、私は仕事が好きだったし、やりがいも感じていたからです。好きな仕事に打ち込んで、先の見通しをもって物事を進めているときは、大変さを超える充実感があります。

育児中の苦しさは、目の前のことに追われて視野が狭くなり、先が見えていないときに感じるのではないかと私は思います。

育児には必ず終わりがきます。

睡眠不足に悩まされる夜泣きも、つくるのも食べさせるのも手間のかかる離乳食も、激しいイヤイヤ期も、一進一退のトイレトレーニングも……。子育てに手のかかる時期は、あっという間に過ぎ去っていきます。

社員がその育児に奮闘している数年の間、会社が制度やしくみを整えることで、その負担を減らすことができるなら、今まで泣く泣く働くことを諦めざるを得なかったような人たちが、子育てしながら会社で活躍することができるようになります。国から補助が潤沢に出る今だからこそ、企業主導型保育の始め時だと私は思います。

20年前に比べて、保育を巡る環境は大きく変わりました。当時に比べると、育児休業を取って復帰し、子育てしながら働くという選択をする人がずいぶん増えました。これからも、育児を巡る環境は変化し続けるでしょう。育児休業を経て復職することが当たり前の時代は、もうすぐそこに来ています。そのほんの少し先には、会社が保育園をもっていることが当たり前の世の中があるかもしれません。

この本では、企業主導型保育について説明してきました。国からの補助を利用して会社が保育園をつくることで、そこで働く社員はもちろん、従業員の子どもたちも、会社も幸せになれます。

私が保育事業を続けてきたのは、「働くお母さんたちの力になりたい」という想いからでした。そして、保育現場の保育士さんたちにも、楽しく保育に取り組んでほしいと思っています。

もし、保育園をつくってみたいけれど、何から始めればよいのか分からないとか、動き出したけれど途中で挫折してしまいそうだということがあれば、私たちのような保育事業者に相談してみてください。

お母さんたちが自分らしく働くために、安心して子どもを預けられる保育園。

保育士さんたちが、自主性を発揮していきいきと保育に取り組める保育園。

そんな保育園の存在によって、優秀な人材が長く活躍できる会社。

そうやって、誰もが喜びを感じながら生きていける社会をつくるためのお手伝いができたら、こんなにうれしいことはありません。

著者プロフィール

柴崎方恵（しばさき まさえ）

株式会社マザーグース 代表取締役

大学卒業後、ソニーに入社。結婚後は子育てと元夫の事業の手伝いを両立させることに。自身が仕事に出る間、子どもを安心して預けられるベビーシッターを探すも満足のいくサービスが見つからず、1994年に神奈川県茅ケ崎市でベビーシッター請負業で起業。4年後、市の病院内保育室の委託をスタート。2015年より0～3歳対象の小規模保育事業をスタート。現在はベビーシッター事業、保育園事業、病院内保育園委託事業、企業主導型保育園のFC事業、人材育成・派遣・紹介事業などを展開している。

本書についての
ご意見・ご感想はコチラ

出産・育児による離職ゼロを実現！
企業がつくる保育園

2021年4月28日　第1刷発行

著　者　　柴崎方恵
発行人　　久保田貴幸

発行元　　株式会社 幻冬舎メディアコンサルティング
〒151-0051　東京都渋谷区千駄ヶ谷4-9-7
電話　03-5411-6440（編集）

発売元　　株式会社 幻冬舎
〒151-0051　東京都渋谷区千駄ヶ谷4-9-7
電話　03-5411-6222（営業）

印刷・製本　瞬報社写真印刷株式会社
装　丁　　田口美希
装　画　　赤倉綾香（ソラクモ制作室）

検印廃止

Printed in Japan
ISBN 978-4-344-93261-6 C0034
幻冬舎メディアコンサルティングＨＰ
http://www.gentosha-mc.com/